丝路经济与文化文库

中国（西安）丝绸之路研究院资助

“一带一路”国家经济社会发展评价报告（2020）

胡健 等著

中国经济出版社
CHINA ECONOMIC PUBLISHING HOUSE
·北京·

图书在版编目（CIP）数据

“一带一路”国家经济社会发展评价报告．2020／胡健等著．--北京：中国经济出版社，2022.6（2023.8 重印）
ISBN 978-7-5136-6967-2

Ⅰ．①一… Ⅱ．①胡… Ⅲ．①世界经济-经济发展-研究报告-2020 ②社会发展-研究报告-世界-2020
Ⅳ．①F11

中国版本图书馆 CIP 数据核字（2022）第 099903 号

责任编辑　郭国玺
责任印制　马小宾
封面设计　任燕飞工作室

出版发行　中国经济出版社
印 刷 者　北京建宏印刷有限公司
经 销 者　各地新华书店
开　　本　710mm×1000mm　1/16
印　　张　11.75
字　　数　172 千字
版　　次　2022 年 6 月第 1 版
印　　次　2023 年 8 月第 2 次
定　　价　88.00 元
广告经营许可证　京西工商广字第 8179 号

中国经济出版社 **网址** www.economyph.com **社址** 北京市东城区安定门外大街 58 号 **邮编** 100011
本版图书如存在印装质量问题，请与本社销售中心联系调换（联系电话：010-57512564）

本书由

中国（西安）丝绸之路研究院

资助出版

《“一带一路”国家经济社会发展评价报告（2020）》编写组

主　编：胡　健

成　员：焦　兵　贾辰凌　王命宇

邢　方　张维群

前 言

《“一带一路”国家经济社会发展评价报告（2020）》是自《“一带一路”国家经济社会发展评价报告（2016）》起连续编制的第5个年度报告。本报告编制的背景及意义、评价国选取的依据及其地区分布（“一带一路”71国及地区分布详见附录）等内容与前期报告相同，故不再赘述。对于本报告编制所坚持的原则、理论依据、数据来源与处理方法、评价方法等有必要再次作一说明，以利于读者认知和领会。

第一，本报告设计的“一带一路”国家经济社会发展评价指标体系的基本框架（包含经济社会可持续发展评价、经济社会发展竞争力评价和经济社会发展开放度评价三个子系统），是在坚持“目的性、全面性、一致性、代表性、可操作性、可比性”六项原则，依据可持续发展理论的主要内涵的基础上完成的。

第二，本报告给出了“一带一路”国家经济社会发展评价指标数据收集的基本思想及原则，叙述了各个指标数据收集的途径和来源，以保证评价指标数据的权威性和代表性。

第三，本报告针对各个国家不同指标存在数据缺失的情况，依据指标的不同特征，分别采用了替代插补、趋势插补和邻近插补三种数据插补方法，同时对各个指标数据进行了统一的归一化处理，剔除了指标量纲的影响，以保证数据的全面性和可比性。

第四，本报告在“一带一路”国家经济社会发展评价方法上，首先选取变异系数法确定各个指标（因素）的权重，设计出评价指数，以对“一带一路”71 国家及地区经济社会发展的总体水平及其三大子系统进行评价排名；其次在经济社会发展水平评价分类的依据及方法上，选择了 K-means 聚类算法，完成了“一带一路”71 国家及地区经济社会发展综合评价分级类型的归类，并在此基础上刻画出“一带一路”71 国家及地区不同类型的经济社会发展综合水平在地理空间上的聚集特征。

目　录

第一章
“一带一路”国家经济社会发展评价指标体系设计及数据来源与处理

第一节　评价指标体系设计

一、评价指标体系设计原则

（一）目的性原则

为促进丝绸之路沿线国家经济要素有序自由流动、资源高效配置和市场深度融合，设计指标既包括经济社会可持续发展方面指标，也包括竞争水平和融合水平指标。

（二）全面性原则

经济社会可持续发展评价包括经济、社会、资源环境三个方面指标；竞争力评价包括劳动力、资本和技术创新三个方面指标；开放度评价指标包括资本国际流动性和融合度两个方面指标。

（三）一致性原则

“一带一路”国家经济社会发展指标体系的设计应当与可持续发展理论内涵保持一致性，充分反映可持续发展理论的共同、协调、高效和公平的基本内涵。

（四）代表性原则

指标设计应具有典型代表性，既不能过多过细，使指标过于烦琐、相互重叠；又不能过少过简，使信息遗漏，出现错误、不真实现象。

（五）可操作性原则

对于无数据或无法获取数据的指标，采用了相近替代指标。

（六）可比性原则

以相对测度指标设计为主，体现不同规模国家及地区在指标评价上的可比性。

二、评价指标体系设计理论依据、理论假定及忽略因素

（一）理论依据

经济社会发展评价指标体系设计的理论依据是可持续发展理论的均衡、开放、包容、共同发展的新内涵。

（二）理论假定

假定1：“一带一路”国家或地区均是开放性的经济体，各个国家依据世界经济市场进行要素、资源的配置，并且各个国家或地区持续、稳定地参与国际经济活动。

假定2：在开放经济体制下，作为国家经济社会系统的外生性因素的政体与经济体制对经济社会发展的影响不显著，可不予考虑和评价。

假定3：沿线国家或地区均是独立的经济体，各个国家在政治、经济上不存在结盟关系，均以独立的形式参与世界经济活动的决策和行动。

（三）忽略因素

由于国家制度、文化等因素的不可测量性，所以剔除了制度、文化等方面内容的评价，以保证该评价的可操作性。

三、评价指标体系设计架构

“一带一路”国家经济社会发展评价指标体系基本架构见图1-1。

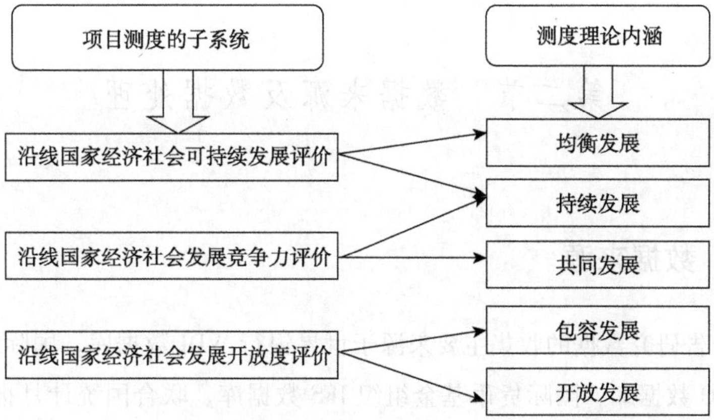
项目测度的子系统
测度理论内涵
沿线国家经济社会可持续发展评价
沿线国家经济社会发展竞争力评价
沿线国家经济社会发展开放度评价
均衡发展
持续发展
共同发展
包容发展
开放发展

图 1-1　“一带一路”国家经济社会发展评价指标体系基本架构

四、评价指标体系设计框架

“一带一路”国家经济社会发展评价指标体系框架见图 1-2。

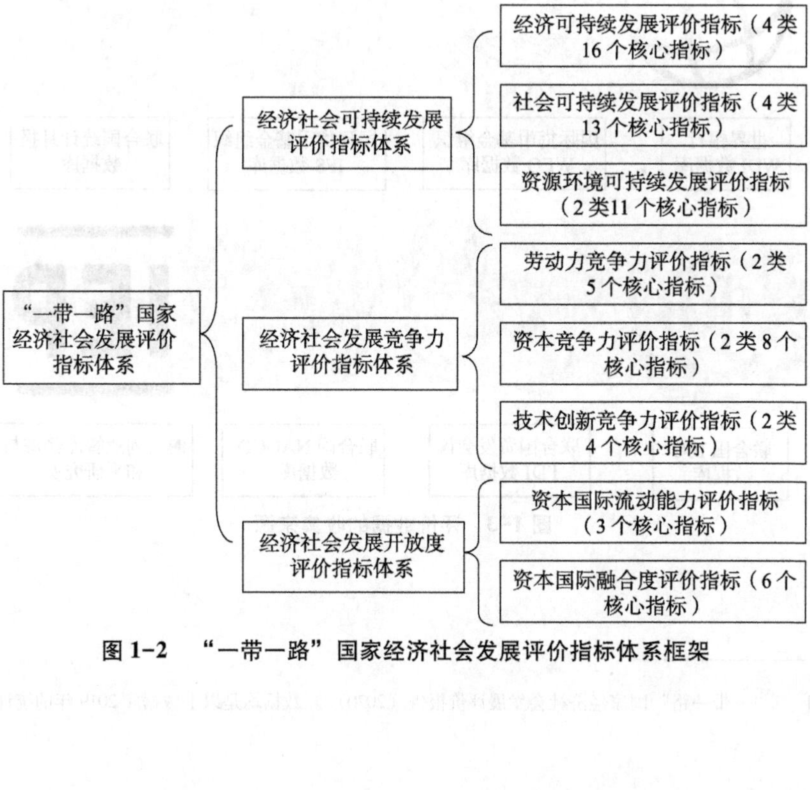
“一带一路”国家经济社会发展评价指标体系
经济社会可持续发展评价指标体系
经济社会发展竞争力评价指标体系
经济社会发展开放度评价指标体系
经济可持续发展评价指标（4 类 16 个核心指标）
社会可持续发展评价指标（4 类 13 个核心指标）
资源环境可持续发展评价指标（2 类11 个核心指标）
劳动力竞争力评价指标（2 类 5 个核心指标）
资本竞争力评价指标（2 类 8 个核心指标）
技术创新竞争力评价指标（2 类 4 个核心指标）
资本国际流动能力评价指标（3 个核心指标）
资本国际融合度评价指标（6 个核心指标）

图 1-2　“一带一路”国家经济社会发展评价指标体系框架

第二节　数据来源及数据处理

一、数据来源

本报告研究数据的收集主要来源于世界银行 WDI 数据库、国际货币基金组织 WEO 数据库、国际货币基金组织 IFS 数据库、联合国统计月报数据库、联合国 ILO 数据库、联合国贸发会议 FDI 数据库、联合国 NAOCD 数据库 7 个权威数据库；个别特殊性的指标数据，如恐怖指数数据来源于澳大利亚智库经济与和平研究所（IEP）发布的全球各个国家恐怖指数数据①（见图 1-3）。

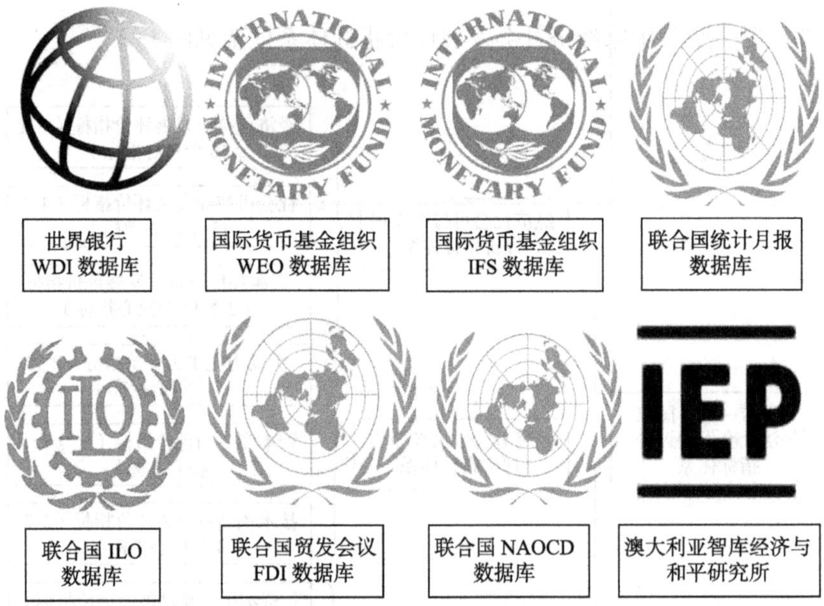
INTERNATIONAL MONETARY FUND
INTERNATIONAL MONETARY FUND
世界银行 WDI 数据库
国际货币基金组织 WEO 数据库
国际货币基金组织 IFS 数据库
联合国统计月报数据库
ILO
IEP
联合国 ILO 数据库
联合国贸发会议 FDI 数据库
联合国 NAOCD 数据库
澳大利亚智库经济与和平研究所

图 1-3　评价数据的收集来源

① 《“一带一路”国家经济社会发展评价报告（2020）》数据均是以上数据库 2019 年的统计数据。

二、数据处理方法

（一）数据插补方法

（1）替代插补方法

针对相对指标的缺失，以地理空间特征为辅助变量，选择经济水平差异较小的有关国家的相关指标数据予以替代；对于指标水平相对稳定的指标数据的缺失，选择该国邻近历史时期的指标予以插补。

（2）趋势插补方法

选择趋势插补的指标一般是指具有明显增长或下降趋势的指标，包括绝对指标和相对指标等具有明显趋势的指标值。

（3）邻近插补方法

对于部分国家或地区的缺失指标，如果该缺失指标与辅助指标强相关，则选择辅助指标距离最小的有观察点的国家或地区的相应指标数据进行插补。

（二）数据归一化调整方法

由于“一带一路”国家社会经济发展评价指标体系包括的指标数量众多，不仅包含相对指标和绝对指标，而且各指标的量纲存在差异，各个指标数值大小没有可比性，为了实现不同指标数值具有可比性，需要对各个指标进行无量纲化处理。

第二章
“一带一路”国家经济社会发展评价方法

“一带一路”国家经济社会发展评价方法运用的是加权综合法和聚类分析法。加权综合法的评价指数的计算是一个“自下而上”的归集过程，即“一带一路”国家经济社会发展综合评价指数是由其下三大子系统的评价指数综合计算而成，子系统的评价指数是由其下一级评价指数综合计算而成，一级评价指数是由其下二级评价指数综合计算而成，二级评价指数是由其下三级评价指数综合计算而成，而三级评价指数是由原始指数综合计算而成；聚类分析法选用的是 K-means 聚类算法。

第一节 “一带一路”国家经济社会发展评价指数权重的确定及指数设计

一、“一带一路”国家经济社会发展评价指数的权重确定

在评价指标（因素）权重确定中，本报告依据选取变异系数法确定各个指标（因素）的权重。变异系数法确定的各个指标（因素）权重公式为

$$w_{h_1,h_2,i}=\frac{\overline{X}_{h_1,h_2,i}}{\delta_{h_1,h_2,i}}=\frac{1}{cv_{h_1,h_2,i}} \tag{2-1}$$

式（2-1）中，$\overline{X}_{h_1,h_2,i}$表示第 h_1 一级层下 h_2 二级层的第 i 个指标总体均值；$\delta_{h_1,h_2,i}$表示第 h_1 一级层下 h_2 二级层的第 i 个指标总体标准差；$cv_{h_1,h_2,i}$表示

第 h_1 一级层下 h_2 二级层的第 i 个指标总体变异系数。式（2-1）反映了指标变异系数大的给予较小的权重，对变异系数小的给予较大的权重，保证了不同指标数据的可综合性。

二、“一带一路”国家经济社会发展评价指数设计

本报告设计的评价指数为

$$I_i = \sum_{j=1}^{k} w_{i,j} x_{i,j}^* = \sum_{j=1}^{k} \frac{1}{cv_{i,j}} x_{i,j}^* \tag{2-2}$$

式（2-2）中，I_i 为第 i 层发展评价测度指数；$cv_{i,j}$ 为测度指标 $x_{i,j}^*$ 的总体变异系数；$w_{i,j}$ 为指标 $x_{i,j}^*$ 的综合权重。式（2-2）是对各归一化评价指标进行加权综合后和线性变化后的评价指数测度工具。

$$I = \sum_{i=1}^{p} w_i I_i = \sum_{i=1}^{p} \frac{1}{cv_i} I_i \tag{2-3}$$

式（2-3）中，I 为综合上一层发展评价测度指数；cv_i 为上层测度指数 I_i 的总体变异系数；w_i 为上层测度指数 I_i 的综合权重。

第二节 “一带一路”国家经济社会发展水平评价的分类方法

传统的统计聚类分析方法包括系统聚类法、K-means 聚类算法、动态聚类法、有序样品聚类和模糊聚类法等。“一带一路”国家经济社会发展水平评价的分类方法选择 K-means 聚类算法，其模型为

$$J = \sum_{n=1}^{N} \sum_{k=1}^{K} r_{nk} \left\| x_n - \mu_k \right\|^2 \tag{2-4}$$

式（2-4）中，x_n 为第 n 个样本的指标测度；$\mu_k = \frac{\sum_n r_{nk} x_n}{\sum_n r_{nk}}$，$\mu_k$ 为第 k 类中心均值；r_{nk} 为样本 x_n 属于类 k 的示性函数。K-means 聚类方法是通过对聚

类中心 μ_k 的迭代调整使得式（2-4）达到最小值时的聚类结果为最优结果。该算法的流程如下。

（1）初始化

选择（或人为指定）某些记录作为凝聚点。

（2）循环

①按就近原则将其余记录向凝聚点凝集。

②计算出各个初始分类的中心位置（均值）。

③用计算出的中心位置重新进行聚类。如此反复循环，直到凝聚点位置收敛为止。

第三章
“一带一路”国家经济社会发展综合评价

本章对“一带一路”71 国经济社会发展的总体水平进行了评价，包括经济社会可持续发展、竞争力和开放度三大子系统的评价及其综合评价，从宏观上反映 71 国参与“一带一路”共同发展、包容发展的水平、能力和可能性。

第一节 “一带一路”国家经济社会发展综合评价排名

本节对“一带一路”71 国经济社会发展的总体水平进行了评价，同时对其下设的经济社会可持续发展、竞争力和开放度三大子系统进行了综合评价（见图 3-1）。

国家	排名	指数	国家	排名	指数
韩国	1	91.9798	文莱	12	76.2917
中国	2	91.6531	巴拿马	13	74.6402
阿拉伯联合酋长国	3	86.9825	立陶宛	14	74.2185
以色列	4	83.6016	拉脱维亚	15	73.9952
卡塔尔	5	81.6198	捷克	16	73.9648
爱沙尼亚	6	79.9650	塞浦路斯	17	73.9234
马来西亚	7	79.8902	泰国	18	73.6763
新西兰	8	78.8897	印度尼西亚	19	72.7194
斯洛文尼亚	9	78.2225	斯洛伐克	20	72.3354
新加坡	10	77.2236	越南	21	71.3727
科威特	11	76.7638	匈牙利	22	71.1143

图 3-1 “一带一路”71 国经济社会发展综合评价排名

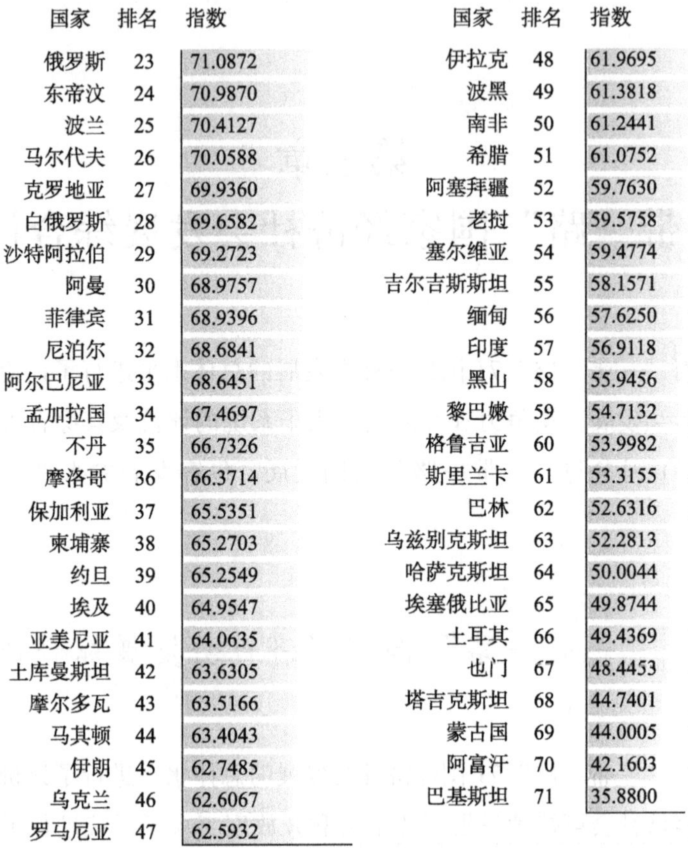
国家 排名 指数
俄罗斯 23 71.0872
东帝汶 24 70.9870
波兰 25 70.4127
马尔代夫 26 70.0588
克罗地亚 27 69.9360
白俄罗斯 28 69.6582
沙特阿拉伯 29 69.2723
阿曼 30 68.9757
菲律宾 31 68.9396
尼泊尔 32 68.6841
阿尔巴尼亚 33 68.6451
孟加拉国 34 67.4697
不丹 35 66.7326
摩洛哥 36 66.3714
保加利亚 37 65.5351
柬埔寨 38 65.2703
约旦 39 65.2549
埃及 40 64.9547
亚美尼亚 41 64.0635
土库曼斯坦 42 63.6305
摩尔多瓦 43 63.5166
马其顿 44 63.4043
伊朗 45 62.7485
乌克兰 46 62.6067
罗马尼亚 47 62.5932
国家 排名 指数
伊拉克 48 61.9695
波黑 49 61.3818
南非 50 61.2441
希腊 51 61.0752
阿塞拜疆 52 59.7630
老挝 53 59.5758
塞尔维亚 54 59.4774
吉尔吉斯斯坦 55 58.1571
缅甸 56 57.6250
印度 57 56.9118
黑山 58 55.9456
黎巴嫩 59 54.7132
格鲁吉亚 60 53.9982
斯里兰卡 61 53.3155
巴林 62 52.6316
乌兹别克斯坦 63 52.2813
哈萨克斯坦 64 50.0044
埃塞俄比亚 65 49.8744
土耳其 66 49.4369
也门 67 48.4453
塔吉克斯坦 68 44.7401
蒙古国 69 44.0005
阿富汗 70 42.1603
巴基斯坦 71 35.8800

图 3-1 “一带一路”71 国经济社会发展综合评价排名（续）

“一带一路”71 国经济社会发展综合评价及其三大子系统评价排名见表 3-1。

表 3-1 “一带一路”71 国经济社会发展综合评价及其三大子系统评价排名

国家	地区	经济社会发展综合评价		三大子系统评价					
				经济社会可持续发展		竞争力		开放度	
		指数	排名	指数	排名	指数	排名	指数	排名
韩国	东亚	91.9798	1	85.9210	1	81.1878	4	81.2968	2
中国	东亚	91.6531	2	76.0947	20	78.8570	7	100.0000	1
阿拉伯联合酋长国	西亚	86.9825	3	83.4581	4	86.3893	1	59.9201	30
以色列	西亚	83.6016	4	80.0097	9	81.7701	3	61.6051	25

续表

国家	地区	经济社会发展综合评价		三大子系统评价					
				经济社会可持续发展		竞争力		开放度	
		指数	排名	指数	排名	指数	排名	指数	排名
卡塔尔	西亚	81.6198	5	79.9741	10	74.2217	8	67.2333	15
爱沙尼亚	中东欧	79.9650	6	83.6438	3	73.4481	11	56.9046	33
马来西亚	东南亚	79.8902	7	77.5937	15	70.7955	17	70.8295	9
新西兰	大洋洲	78.8897	8	81.5330	6	70.1358	21	62.0926	23
斯洛文尼亚	中东欧	78.2225	9	83.7807	2	70.2828	19	55.9299	37
新加坡	东南亚	77.2236	10	59.7359	56	81.0264	5	74.2577	6
科威特	西亚	76.7638	11	70.4577	28	83.1464	2	51.7740	49
文莱	东南亚	76.2917	12	75.9959	21	70.8414	15	61.1699	28
巴拿马	中美洲	74.6402	13	77.4545	16	69.3099	23	55.6904	39
立陶宛	中东欧	74.2185	14	77.6210	14	67.8392	29	56.3834	35
拉脱维亚	中东欧	73.9952	15	76.8643	18	68.4088	27	55.9337	36
捷克	中东欧	73.9648	16	82.8637	5	59.7493	42	60.1424	29
塞浦路斯	西亚	73.9234	17	80.8386	8	79.0296	6	31.9305	63
泰国	东南亚	73.6763	18	66.1201	40	65.8530	35	76.5258	3
印度尼西亚	东南亚	72.7194	19	66.4558	38	72.8015	13	61.4307	26
斯洛伐克	中东欧	72.3354	20	78.8013	11	64.6410	37	53.2850	46
越南	东南亚	71.3727	21	63.1173	47	70.8240	16	65.5284	19
匈牙利	中东欧	71.1143	22	81.3990	7	53.3796	61	63.2390	21
俄罗斯	中东欧	71.0872	23	71.6475	25	70.2113	20	51.6539	52
东帝汶	东南亚	70.9870	24	66.2366	39	72.9770	12	55.6340	40
波兰	中东欧	70.4127	25	78.7255	12	57.1517	49	59.0823	31
马尔代夫	南亚	70.0588	26	60.7849	53	70.3622	18	65.6312	18
克罗地亚	中东欧	69.9360	27	77.9731	13	55.0667	58	62.0867	24
白俄罗斯	中东欧	69.6582	28	77.1383	17	69.6880	22	38.7151	62
沙特阿拉伯	西亚	69.2723	29	71.9943	24	64.1954	39	54.7300	42
阿曼	西亚	68.9757	30	64.1438	45	73.4895	10	51.3987	53
菲律宾	东南亚	68.9396	31	62.4209	49	66.3294	34	65.7354	17
尼泊尔	南亚	68.6841	32	53.8641	59	74.1118	9	66.1543	16

续表

国家	地区	经济社会发展综合评价		三大子系统评价					
				经济社会可持续发展		竞争力		开放度	
		指数	排名	指数	排名	指数	排名	指数	排名
阿尔巴尼亚	中东欧	68.6451	33	66.4767	37	64.3338	38	61.3741	27
孟加拉国	南亚	67.4697	34	61.9289	50	62.0771	41	68.4778	12
不丹	南亚	66.7326	35	66.8537	36	72.3322	14	41.2664	60
摩洛哥	非洲	66.3714	36	60.9714	52	58.2678	46	72.5166	7
保加利亚	中东欧	65.5351	37	73.9159	22	54.5038	60	54.7087	43
柬埔寨	东南亚	65.2703	38	64.0425	46	68.1356	28	47.7242	58
约旦	西亚	65.2549	39	67.3742	35	55.8672	54	62.2045	22
埃及	非洲	64.9547	40	59.8213	55	57.1174	50	71.4646	8
亚美尼亚	西亚	64.0635	41	68.9226	31	59.1841	44	50.2473	55
土库曼斯坦	中亚	63.6305	42	71.5871	26	67.1072	33	31.5449	64
摩尔多瓦	中东欧	63.5166	43	62.9256	48	59.5713	43	57.5400	32
马其顿	中东欧	63.4043	44	69.4348	30	56.2477	53	51.9577	48
伊朗	西亚	62.7485	45	50.9255	62	64.0312	40	67.2414	14
乌克兰	中东欧	62.6067	46	64.3276	44	58.4529	45	53.9926	45
罗马尼亚	中东欧	62.5932	47	76.7861	19	46.9667	66	52.3292	47
伊拉克	西亚	61.9695	48	45.2430	66	67.7173	30	67.8676	13
波黑	中东欧	61.3818	49	68.8845	32	52.7021	62	51.7730	50
南非	非洲	61.2441	50	52.2501	61	57.5861	48	70.4738	10
希腊	中东欧	61.0752	51	69.8173	29	67.3673	31	25.3512	67
阿塞拜疆	西亚	59.7630	52	50.7649	63	64.9885	36	55.8328	38
老挝	东南亚	59.5758	53	50.6723	64	67.2572	32	51.6581	51
塞尔维亚	中东欧	59.4774	54	64.7942	43	54.8976	59	48.4173	57
吉尔吉斯斯坦	中亚	58.1571	55	61.3050	51	68.4669	26	27.5527	66
缅甸	东南亚	57.6250	56	54.7609	58	48.7232	65	68.5438	11
印度	南亚	56.9118	57	41.0377	67	56.2645	52	76.2260	4
黑山	中东欧	55.9456	58	72.1627	23	51.0255	63	30.7436	65
黎巴嫩	西亚	54.7132	59	56.2627	57	58.1505	47	40.8928	61
格鲁吉亚	西亚	53.9982	60	65.8157	42	44.6707	67	44.8332	59

续表

国家	地区	经济社会发展综合评价		三大子系统评价					
				经济社会可持续发展		竞争力		开放度	
		指数	排名	指数	排名	指数	排名	指数	排名
斯里兰卡	南亚	53.3155	61	68.1074	34	35.1130	69	54.3376	44
巴林	西亚	52.6316	62	36.6789	70	68.8023	24	48.4313	56
乌兹别克斯坦	中亚	52.2813	63	68.4020	33	55.7519	56	16.7706	69
哈萨克斯坦	中亚	50.0044	64	70.6336	27	50.1006	64	14.6166	70
埃塞俄比亚	非洲	49.8744	65	14.1795	71	68.7295	25	75.8847	5
土耳其	西亚	49.4369	66	65.9960	41	27.6559	70	56.7751	34
也门	西亚	48.4453	67	40.1243	68	55.1830	57	50.7959	54
塔吉克斯坦	中亚	44.7401	68	52.4191	60	55.7577	55	17.2695	68
蒙古国	东亚	44.0005	69	60.7672	54	56.4353	51	0.0538	71
阿富汗	西亚	42.1603	70	38.6033	69	40.9310	68	55.1768	41
巴基斯坦	南亚	35.8800	71	49.8424	65	11.5084	71	63.4593	20

第二节 “一带一路”国家经济社会发展综合评价分级类型

本节对“一带一路”71国经济社会发展综合评价及经济社会可持续发展、竞争力和开放度三大子系统评价结果进行了等级划分与分类（见表3-2）。

表 3-2 “一带一路”71 国经济社会发展综合评价及其三大子系统评价的分级类型

国家	地区	经济社会发展综合评价		三大子系统评价					
				经济社会可持续发展		竞争力		开放度	
		指数	分级类型	指数	分级类型	指数	分级类型	指数	分级类型
韩国	东亚	91.9798	卓越型	85.9210	卓越型	81.1878	卓越型	81.2968	中高型
中国	东亚	91.6531	卓越型	76.0947	卓越型	78.8570	卓越型	100.0000	高开放
阿拉伯联合酋长国	西亚	86.9825	卓越型	83.4581	卓越型	86.3893	卓越型	59.9201	中等型
以色列	西亚	83.6016	卓越型	80.0097	卓越型	81.7701	卓越型	61.6051	中高型
卡塔尔	西亚	81.6198	卓越型	79.9741	卓越型	74.2217	优良型	67.2333	中高型
爱沙尼亚	中东欧	79.9650	良好型	83.6438	卓越型	73.4481	优良型	56.9046	中等型
马来西亚	东南亚	79.8902	良好型	77.5937	卓越型	70.7955	优良型	70.8295	中高型
新西兰	大洋洲	78.8897	良好型	81.5330	卓越型	70.1358	优良型	62.0926	中高型
斯洛文尼亚	中东欧	78.2225	良好型	83.7807	卓越型	70.2828	优良型	55.9299	中等型
新加坡	东南亚	77.2236	良好型	59.7359	中等型	81.0264	卓越型	74.2577	中高型
科威特	西亚	76.7638	良好型	70.4577	中上型	83.1464	卓越型	51.7740	中等型
文莱	东南亚	76.2917	良好型	75.9959	卓越型	70.8414	优良型	61.1699	中高型
巴拿马	中美洲	74.6402	良好型	77.4545	卓越型	69.3099	优良型	55.6904	中等型
立陶宛	中东欧	74.2185	良好型	77.6210	卓越型	67.8392	优良型	56.3834	中等型
拉脱维亚	中东欧	73.9952	良好型	76.8643	卓越型	68.4088	优良型	55.9337	中等型
捷克	中东欧	73.9648	良好型	82.8637	卓越型	59.7493	一般型	60.1424	中等型
塞浦路斯	西亚	73.9234	良好型	80.8386	卓越型	79.0296	卓越型	31.9305	中低型
泰国	东南亚	73.6763	良好型	66.1201	中等型	65.8530	优良型	76.5258	中高型
印度尼西亚	东南亚	72.7194	良好型	66.4558	中等型	72.8015	优良型	61.4307	中高型
斯洛伐克	中东欧	72.3354	良好型	78.8013	卓越型	64.6410	优良型	53.2850	中等型
越南	东南亚	71.3727	良好型	63.1173	中等型	70.8240	优良型	65.5284	中高型
匈牙利	中东欧	71.1143	良好型	81.3990	卓越型	53.3796	一般型	63.2390	中高型
俄罗斯	中东欧	71.0872	良好型	71.6475	中上型	70.2113	优良型	51.6539	中等型
东帝汶	东南亚	70.9870	良好型	66.2366	中等型	72.9770	优良型	55.6340	中等型
波兰	中东欧	70.4127	良好型	78.7255	卓越型	57.1517	一般型	59.0823	中等型
马尔代夫	南亚	70.0588	良好型	60.7849	中等型	70.3622	优良型	65.6312	中高型
克罗地亚	中东欧	69.9360	良好型	77.9731	卓越型	55.0667	一般型	62.0867	中高型

续表

国家	地区	经济社会发展综合评价		三大子系统评价					
				经济社会可持续发展		竞争力		开放度	
		指数	分级类型	指数	分级类型	指数	分级类型	指数	分级类型
白俄罗斯	中东欧	69.6582	良好型	77.1383	卓越型	69.6880	优良型	38.7151	中低型
沙特阿拉伯	西亚	69.2723	良好型	71.9943	中上型	64.1954	优良型	54.7300	中等型
阿曼	西亚	68.9757	良好型	64.1438	中等型	73.4895	优良型	51.3987	中等型
菲律宾	东南亚	68.9396	良好型	62.4209	中等型	66.3294	优良型	65.7354	中高型
尼泊尔	南亚	68.6841	良好型	53.8641	中下型	74.1118	优良型	66.1543	中高型
阿尔巴尼亚	中东欧	68.6451	良好型	66.4767	中等型	64.3338	优良型	61.3741	中高型
孟加拉国	南亚	67.4697	中等型	61.9289	中等型	62.0771	一般型	68.4778	中高型
不丹	南亚	66.7326	中等型	66.8537	中上型	72.3322	优良型	41.2664	中等型
摩洛哥	非洲	66.3714	中等型	60.9714	中等型	58.2678	一般型	72.5166	中高型
保加利亚	中东欧	65.5351	中等型	73.9159	中上型	54.5038	一般型	54.7087	中等型
柬埔寨	东南亚	65.2703	中等型	64.0425	中等型	68.1356	优良型	47.7242	中等型
约旦	西亚	65.2549	中等型	67.3742	中上型	55.8672	一般型	62.2045	中高型
埃及	非洲	64.9547	中等型	59.8213	中等型	57.1174	一般型	71.4646	中高型
亚美尼亚	西亚	64.0635	中等型	68.9226	中上型	59.1841	一般型	50.2473	中等型
土库曼斯坦	中亚	63.6305	中等型	71.5871	中上型	67.1072	优良型	31.5449	中低型
摩尔多瓦	中东欧	63.5166	中等型	62.9256	中等型	59.5713	一般型	57.5400	中等型
马其顿	中东欧	63.4043	中等型	69.4348	中上型	56.2477	一般型	51.9577	中等型
伊朗	西亚	62.7485	中等型	50.9255	中下型	64.0312	优良型	67.2414	中高型
乌克兰	中东欧	62.6067	中等型	64.3276	中等型	58.4529	一般型	53.9926	中等型
罗马尼亚	中东欧	62.5932	中等型	76.7861	卓越型	46.9667	一般型	52.3292	中等型
伊拉克	西亚	61.9695	中等型	45.2430	中下型	67.7173	优良型	67.8676	中高型
波黑	中东欧	61.3818	中等型	68.8845	中上型	52.7021	一般型	51.7730	中等型
南非	非洲	61.2441	中等型	52.2501	中下型	57.5861	一般型	70.4738	中高型
希腊	中东欧	61.0752	中等型	69.8173	中上型	67.3673	优良型	25.3512	中低型
阿塞拜疆	西亚	59.7630	中等型	50.7649	中下型	64.9885	优良型	55.8328	中等型
老挝	东南亚	59.5758	中等型	50.6723	中下型	67.2572	优良型	51.6581	中等型
塞尔维亚	中东欧	59.4774	中等型	64.7942	中等型	54.8976	一般型	48.4173	中等型

续表

国家	地区	经济社会发展综合评价		三大子系统评价					
				经济社会可持续发展		竞争力		开放度	
		指数	分级类型	指数	分级类型	指数	分级类型	指数	分级类型
吉尔吉斯斯坦	中亚	58.1571	中等型	61.3050	中等型	68.4669	优良型	27.5527	中低型
缅甸	东南亚	57.6250	一般型	54.7609	中下型	48.7232	一般型	68.5438	中高型
印度	南亚	56.9118	一般型	41.0377	中下型	56.2645	一般型	76.2260	中高型
黑山	中东欧	55.9456	一般型	72.1627	中上型	51.0255	一般型	30.7436	中低型
黎巴嫩	西亚	54.7132	一般型	56.2627	中等型	58.1505	一般型	40.8928	中等型
格鲁吉亚	西亚	53.9982	一般型	65.8157	中等型	44.6707	欠缺型	44.8332	中等型
斯里兰卡	南亚	53.3155	一般型	68.1074	中上型	35.1130	欠缺型	54.3376	中等型
巴林	西亚	52.6316	一般型	36.6789	中下型	68.8023	优良型	48.4313	中等型
乌兹别克斯坦	中亚	52.2813	一般型	68.4020	中上型	55.7519	一般型	16.7706	中低型
哈萨克斯坦	中亚	50.0044	一般型	70.6336	中上型	50.1006	一般型	14.6166	中低型
埃塞俄比亚	非洲	49.8744	一般型	14.1795	低水平	68.7295	优良型	75.8847	中高型
土耳其	西亚	49.4369	一般型	65.9960	中等型	27.6559	欠缺型	56.7751	中等型
也门	西亚	48.4453	一般型	40.1243	中下型	55.1830	一般型	50.7959	中等型
塔吉克斯坦	中亚	44.7401	缓慢型	52.4191	中下型	55.7577	一般型	17.2695	中低型
蒙古国	东亚	44.0005	缓慢型	60.7672	中等型	56.4353	一般型	0.0538	低开放
阿富汗	西亚	42.1603	缓慢型	38.6033	中下型	40.9310	欠缺型	55.1768	中等型
巴基斯坦	南亚	35.8800	缓慢型	49.8424	中下型	11.5084	抑制型	63.4593	中高型

第三节　“一带一路”国家经济社会发展综合评价分级类型的地理空间聚集特征

本节依据第二节对“一带一路”71国经济社会发展综合评价分级类型的归类结果，刻画出“一带一路”71国经济社会发展综合水平分级类型的地理空间聚集特征（见表3-3）。

表 3-3　“一带一路”71 国经济社会发展综合水平分级类型的地理空间聚集特征

国家	分级类型	地理空间聚集特征
韩国、中国、阿拉伯联合酋长国、以色列、卡塔尔	卓越型（5 个国家）	韩国、中国聚集于东亚；西亚 3 国零星分散，无明显聚集
爱沙尼亚、马来西亚、新西兰、斯洛文尼亚、新加坡、科威特、文莱、巴拿马、立陶宛、拉脱维亚、捷克、塞浦路斯、泰国、印度尼西亚、斯洛伐克、越南、匈牙利、俄罗斯、东帝汶、波兰、马尔代夫、克罗地亚、白俄罗斯、沙特阿拉伯、阿曼、菲律宾、尼泊尔、阿尔巴尼亚	良好型（28 个国家）	该类型国家空间聚集程度较明显，主要表现为中东欧地区的北部 11 国、东南亚地区 8 国、西亚 3 国各自存在片状聚集 新西兰、巴拿马、塞浦路斯、马尔代夫、尼泊尔、阿尔巴尼亚 6 个国家零星散落，无聚集特征
孟加拉国、不丹、摩洛哥、保加利亚、柬埔寨、约旦、埃及、亚美尼亚、土库曼斯坦、摩尔多瓦、马其顿、伊朗、乌克兰、罗马尼亚、伊拉克、波黑、南非、希腊、阿塞拜疆、老挝、塞尔维亚、吉尔吉斯斯坦	中等型（22 个国家）	该类型国家空间聚集程度较高，主要表现为：①中东欧地区的东部及南部 11 国呈大片状连接；②西亚 5 国和中亚的土库曼斯坦自西向东呈片状聚集；③东南亚 2 国、南亚 2 国各自也呈现小块状聚集状态 此外，南非 3 国和中亚的吉尔吉斯斯坦散落在不同地区，无聚集特征
缅甸、印度、黑山、黎巴嫩、格鲁吉亚、斯里兰卡、巴林、乌兹别克斯坦、哈萨克斯坦、埃塞俄比亚、土耳其、也门	一般型（12 个国家）	该类型国家有一定的空间聚集特征，表现为南亚 2 国和东南亚的缅甸、中亚 2 国、西亚 2 国各自呈现出片状连接。 西亚 5 国及非洲的埃塞俄比亚分别散落在不同地区，无聚集特征
塔吉克斯坦、蒙古国、阿富汗、巴基斯坦	缓慢型（4 个国家）	该类型国家有较高的空间聚集特征，分别表现为塔吉克斯坦和蒙古国、阿富汗和巴基斯坦两部分

第四章
“一带一路”国家经济社会可持续发展子系统综合评价

本章对“一带一路”71国经济社会可持续发展的总体情况进行评价，包括经济可持续、社会可持续、资源环境可持续发展的三个一级指标的内容。经济社会可持续发展总体评价指数可反映上述三个一级指标评价指数的综合水平。

第一节 “一带一路”国家经济社会可持续发展子系统总体评价

本节对“一带一路”71国经济社会可持续发展子系统总体发展水平和下设的经济可持续、社会可持续、资源环境可持续发展三个一级指标发展水平进行了评价与排序，并对评价水平进行了分类和地理空间聚集特征的描述。

一、“一带一路”71国经济社会可持续发展子系统评价指标体系

“一带一路”71国经济社会可持续发展子系统评价指标体系见表4-1。

表4-1 “一带一路”71国经济社会可持续发展子系统评价指标体系

一级指标	二级指标	三级指标
经济可持续发展	经济水平与增长	GDP
		人均GDP
		GDP增长率
		进出口贸易总额
	经济发展质量	PPI
		CPI
		外商直接投资
		对外直接投资
		初、中等教育者失业率
	经济结构水平	第二产业就业人口比重
		第三产业就业人口比重
		能源生产总量
	经济运行效率	劳动生产率
		资本产出率
		投资消费比
		单位GDP能耗

一级指标	二级指标	三级指标
社会可持续发展	人口发展	期望寿命
		5岁以下儿童死亡率（婴儿）
		65岁以上人口比重
	生活质量	每千人宽带用户数
		移动电话普及率
		城市化率
		国家恐怖指数
	社会保障	人均公共教育医疗服务支出
		每千人拥有医疗服务床位数
		社会抚养比例
	居民生活状况	城乡居民家庭恩格尔系数
		基尼系数
		贫困人口占总人口比例

一级指标	二级指标	三级指标	
资源环境可持续发展	自然资源与利用	森林覆盖率	
		森林资源的使用强度（用材林/森林蓄积量）	
		耕地面积	
		饮用水水源水质达标率	
		能源储存总量	石油储量
			天然气储量
			原煤储量
		燃料出口比例	
		能源消费总量	
	环境治理与投入	二氧化氮排放量	
		二氧化硫排放量	
		空气颗粒物排放量	
		环境治理投入占GDP比重	

二、“一带一路”71 国经济社会可持续发展子系统综合评价

“一带一路”71 国经济社会可持续发展子系统综合评价见图 4-1。

国家	排名	指数	国家	排名	指数
韩国	1	85.9210	阿尔巴尼亚	37	66.4767
斯洛文尼亚	2	83.7807	印度尼西亚	38	66.4558
爱沙尼亚	3	83.6438	东帝汶	39	66.2366
阿拉伯联合酋长国	4	83.4581	泰国	40	66.1201
捷克	5	82.8637	土耳其	41	65.9960
新西兰	6	81.5330	格鲁吉亚	42	65.8157
匈牙利	7	81.3990	塞尔维亚	43	64.7942
塞浦路斯	8	80.8386	乌克兰	44	64.3276
以色列	9	80.0097	阿曼	45	64.1438
卡塔尔	10	79.9741	柬埔寨	46	64.0425
斯洛伐克	11	78.8013	越南	47	63.1173
波兰	12	78.7255	摩尔多瓦	48	62.9256
克罗地亚	13	77.9731	菲律宾	49	62.4209
立陶宛	14	77.6210	孟加拉国	50	61.9289
马来西亚	15	77.5937	吉尔吉斯斯坦	51	61.3050
巴拿马	16	77.4545	摩洛哥	52	60.9714
白俄罗斯	17	77.1383	马尔代夫	53	60.7849
拉脱维亚	18	76.8643	蒙古国	54	60.7672
罗马尼亚	19	76.7861	埃及	55	59.8213
中国	20	76.0947	新加坡	56	59.7359
文莱	21	75.9959	黎巴嫩	57	56.2627
保加利亚	22	73.9159	缅甸	58	54.7609
黑山	23	72.1627	尼泊尔	59	53.8641
沙特阿拉伯	24	71.9943	塔吉克斯坦	60	52.4191
俄罗斯	25	71.6475	南非	61	52.2501
土库曼斯坦	26	71.5871	伊朗	62	50.9255
哈萨克斯坦	27	70.6336	阿塞拜疆	63	50.7649
科威特	28	70.4577	老挝	64	50.6723
希腊	29	69.8173	巴基斯坦	65	49.8424
马其顿	30	69.4348	伊拉克	66	45.2430
亚美尼亚	31	68.9226	印度	67	41.0377
波黑	32	68.8845	也门	68	40.1243
乌兹别克斯坦	33	68.4020	阿富汗	69	38.6033
斯里兰卡	34	68.1074	巴林	70	36.6789
约旦	35	67.3742	埃塞俄比亚	71	14.1795
不丹	36	66.8537			

图 4-1　“一带一路”71 国经济社会可持续发展综合评价排名

“一带一路”71国经济社会可持续发展子系统综合评价及其一级指标评价排名见表4-2。

表4-2 “一带一路”71国经济社会可持续发展子系统综合评价及其一级指标评价排名

国家	地区	经济社会可持续发展		一级指标					
				经济可持续发展		社会可持续发展		资源环境可持续发展	
		指数	排名	指数	排名	指数	排名	指数	排名
韩国	东亚	85.9210	1	66.0405	12	81.7707	4	94.7475	8
斯洛文尼亚	中东欧	83.7807	2	65.4897	13	73.7151	12	95.5766	4
爱沙尼亚	中东欧	83.6438	3	64.7624	15	69.0264	15	97.5759	2
阿拉伯联合酋长国	西亚	83.4581	4	73.2869	3	94.1218	1	83.3542	57
捷克	中东欧	82.8637	5	66.4541	10	74.5682	10	93.6679	16
新西兰	大洋洲	81.5330	6	63.5060	20	70.6295	13	95.1518	6
匈牙利	中东欧	81.3990	7	67.2414	8	67.5179	19	94.2040	13
塞浦路斯	西亚	80.8386	8	68.9305	7	77.1470	5	89.0066	39
以色列	西亚	80.0097	9	70.3149	6	66.9918	20	91.1511	30
卡塔尔	西亚	79.9741	10	77.7037	2	83.6389	3	80.9056	61
斯洛伐克	中东欧	78.8013	11	55.8792	38	73.8867	11	94.7305	9
波兰	中东欧	78.7255	12	64.7503	16	68.4473	17	92.0253	23
克罗地亚	中东欧	77.9731	13	61.5087	22	64.7818	23	94.2396	11
立陶宛	中东欧	77.6210	14	60.4436	24	66.2313	21	93.8385	15
马来西亚	东南亚	77.5937	15	62.9151	21	64.4406	25	93.1818	18
巴拿马	中美洲	77.4545	16	66.3778	11	53.7285	47	95.2516	5
白俄罗斯	中东欧	77.1383	17	57.4467	32	76.2241	6	91.0651	32
拉脱维亚	中东欧	76.8643	18	56.9381	35	59.8229	33	97.2262	3
罗马尼亚	中东欧	76.7861	19	60.8165	23	60.1984	32	94.9472	7
中国	东亚	76.0947	20	65.4780	14	59.5265	35	91.9320	25
文莱	东南亚	75.9959	21	71.8065	4	67.8607	18	85.3213	53
保加利亚	中东欧	73.9159	22	58.2801	30	56.7400	39	94.2240	12
黑山	中东欧	72.1627	23	51.2572	44	64.1463	26	93.0613	19
沙特阿拉伯	西亚	71.9943	24	64.6187	17	68.8006	16	84.0551	55
俄罗斯	中东欧	71.6475	25	56.2126	36	60.5203	31	91.2174	29

续表

国家	地区	经济社会可持续发展		一级指标					
				经济可持续发展		社会可持续发展		资源环境可持续发展	
		指数	排名	指数	排名	指数	排名	指数	排名
土库曼斯坦	中亚	71.5871	26	58.9260	27	56.2805	40	91.3225	26
哈萨克斯坦	中亚	70.6336	27	59.3413	26	64.8808	22	86.7247	48
科威特	西亚	70.4577	28	63.5975	19	75.3689	8	80.2999	62
希腊	中东欧	69.8173	29	49.4154	47	64.5306	24	91.1321	31
马其顿	中东欧	69.4348	30	48.9028	48	60.8581	29	92.3448	21
亚美尼亚	西亚	68.9226	31	49.5928	46	58.8802	37	92.1288	22
波黑	中东欧	68.8845	32	45.9109	55	59.3187	36	93.8593	14
乌兹别克斯坦	中亚	68.4020	33	55.7867	39	54.8395	46	89.7828	36
斯里兰卡	南亚	68.1074	34	58.7523	28	45.7501	53	91.3174	27
约旦	西亚	67.3742	35	53.5693	41	51.3964	49	91.0494	33
不丹	南亚	66.8537	36	43.7056	57	44.8515	54	98.1187	1
阿尔巴尼亚	中东欧	66.4767	37	46.8782	52	57.2216	38	91.3159	28
印度尼西亚	东南亚	66.4558	38	60.3767	25	41.3950	56	90.1713	34
东帝汶	东南亚	66.2366	39	66.5433	9	37.5956	59	88.1022	45
泰国	东南亚	66.1201	40	53.6453	40	59.6547	34	86.4072	50
土耳其	西亚	65.9960	41	44.2623	56	53.5910	48	93.5063	17
格鲁吉亚	西亚	65.8157	42	43.4177	58	51.2491	50	94.6272	10
塞尔维亚	中东欧	64.7942	43	53.2401	42	55.4326	44	86.6634	49
乌克兰	中东欧	64.3276	44	37.6186	66	61.5855	28	92.0204	24
阿曼	西亚	64.1438	45	52.2168	43	69.2964	14	81.1858	60
柬埔寨	东南亚	64.0425	46	57.1505	34	43.1479	55	88.3737	43
越南	东南亚	63.1173	47	55.9346	37	56.1313	41	83.0085	58
摩尔多瓦	中东欧	62.9256	48	37.8146	65	62.7785	27	89.8183	35
菲律宾	东南亚	62.4209	49	58.3103	29	35.0732	60	88.9173	40
孟加拉国	南亚	61.9289	50	57.2028	33	33.4419	63	89.5416	37
吉尔吉斯斯坦	中亚	61.3050	51	46.3715	53	50.6567	51	87.9966	46
摩洛哥	非洲	60.9714	52	47.1959	51	49.4039	52	87.6448	47
马尔代夫	南亚	60.7849	53	70.4997	5	76.0997	7	65.0233	68

续表

国家	地区	经济社会可持续发展		一级指标					
				经济可持续发展		社会可持续发展		资源环境可持续发展	
		指数	排名	指数	排名	指数	排名	指数	排名
蒙古国	东亚	60. 7672	54	48. 7248	49	60. 7981	30	82. 2814	59
埃及	非洲	59. 8213	55	57. 6159	31	34. 7480	61	86. 3534	51
新加坡	东南亚	59. 7359	56	82. 1322	1	84. 4521	2	54. 4932	69
黎巴嫩	西亚	56. 2627	57	31. 1505	70	55. 7810	42	88. 1580	44
缅甸	东南亚	54. 7609	58	48. 0732	50	33. 0866	64	86. 0710	52
尼泊尔	南亚	53. 8641	59	36. 3943	67	29. 4071	65	92. 5697	20
塔吉克斯坦	中亚	52. 4191	60	42. 5566	59	38. 6086	57	84. 1368	54
南非	非洲	52. 2501	61	33. 2066	69	38. 1752	58	89. 0324	38
伊朗	西亚	50. 9255	62	28. 5770	71	55. 4614	43	83. 3676	56
阿塞拜疆	西亚	50. 7649	63	35. 7296	68	55. 2605	45	79. 4839	64
老挝	东南亚	50. 6723	64	40. 1092	61	25. 3706	66	88. 3918	42
巴基斯坦	南亚	49. 8424	65	46. 2345	54	13. 8640	69	88. 5476	41
伊拉克	西亚	45. 2430	66	38. 8651	64	33. 6016	62	79. 5522	63
印度	南亚	41. 0377	67	49. 7661	45	25. 2961	67	72. 0128	67
也门	西亚	40. 1243	68	42. 1858	60	19. 0573	68	77. 3007	66
阿富汗	西亚	38. 6033	69	40. 0661	62	11. 5490	71	79. 4768	65
巴林	西亚	36. 6789	70	64. 5788	18	75. 1427	9	40. 1956	71
埃塞俄比亚	非洲	14. 1795	71	39. 8483	63	13. 3396	70	50. 2279	70

"一带一路"71国经济社会可持续发展子系统综合评价及其一级指标评价分级类型见表4-3。

表 4-3 “一带一路”71 国经济社会可持续发展子系统综合评价及其一级指标评价分级类型

国家	地区	经济社会可持续发展子系统		一级指标					
				经济可持续发展		社会可持续发展		资源环境可持续发展	
		指数	分级类型	指数	分级类型	指数	分级类型	指数	分级类型
韩国	东亚	85.9210	卓越型	66.0405	中等型	81.7707	中上型	94.7475	优秀型
斯洛文尼亚	中东欧	83.7807	卓越型	65.4897	中等型	73.7151	中上型	95.5766	优秀型
爱沙尼亚	中东欧	83.6438	卓越型	64.7624	中等型	69.0264	中等型	97.5759	优秀型
阿拉伯联合酋长国	西亚	83.4581	卓越型	73.2869	中上型	94.1218	高水平	83.3542	良好型
捷克	中东欧	82.8637	卓越型	66.4541	中等型	74.5682	中上型	93.6679	优秀型
新西兰	大洋洲	81.5330	卓越型	63.5060	中等型	70.6295	中等型	95.1518	优秀型
匈牙利	中东欧	81.3990	卓越型	67.2414	中等型	67.5179	中等型	94.2040	优秀型
塞浦路斯	西亚	80.8386	卓越型	68.9305	中上型	77.1470	中上型	89.0066	良好型
以色列	西亚	80.0097	卓越型	70.3149	中上型	66.9918	中等型	91.1511	优秀型
卡塔尔	西亚	79.9741	卓越型	77.7037	高水平	83.6389	中上型	80.9056	良好型
斯洛伐克	中东欧	78.8013	卓越型	55.8792	中下型	73.8867	中上型	94.7305	优秀型
波兰	中东欧	78.7255	卓越型	64.7503	中等型	68.4473	中等型	92.0253	优秀型
克罗地亚	中东欧	77.9731	卓越型	61.5087	中等型	64.7818	中等型	94.2396	优秀型
立陶宛	中东欧	77.6210	卓越型	60.4436	中等型	66.2313	中等型	93.8385	优秀型
马来西亚	东南亚	77.5937	卓越型	62.9151	中等型	64.4406	中等型	93.1818	优秀型
巴拿马	中美洲	77.4545	卓越型	66.3778	中等型	53.7285	中下型	95.2516	优秀型
白俄罗斯	中东欧	77.1383	卓越型	57.4467	中下型	76.2241	中上型	91.0651	优秀型
拉脱维亚	中东欧	76.8643	卓越型	56.9381	中下型	59.8229	中等型	97.2262	优秀型
罗马尼亚	中东欧	76.7861	卓越型	60.8165	中等型	60.1984	中等型	94.9472	优秀型
中国	东亚	76.0947	卓越型	65.4780	中等型	59.5265	中等型	91.9320	优秀型
文莱	东南亚	75.9959	卓越型	71.8065	中上型	67.8607	中等型	85.3213	良好型
保加利亚	中东欧	73.9159	中上型	58.2801	中下型	56.7400	中下型	94.2240	优秀型
黑山	中东欧	72.1627	中上型	51.2572	中下型	64.1463	中等型	93.0613	优秀型
沙特阿拉伯	西亚	71.9943	中上型	64.6187	中等型	68.8006	中等型	84.0551	良好型
俄罗斯	中东欧	71.6475	中上型	56.2126	中下型	60.5203	中等型	91.2174	优秀型
土库曼斯坦	中亚	71.5871	中上型	58.9260	中下型	56.2805	中下型	91.3225	优秀型

续表

国家	地区	经济社会可持续发展子系统		一级指标					
				经济可持续发展		社会可持续发展		资源环境可持续发展	
		指数	分级类型	指数	分级类型	指数	分级类型	指数	分级类型
哈萨克斯坦	中亚	70.6336	中上型	59.3413	中等型	64.8808	中等型	86.7247	良好型
科威特	西亚	70.4577	中上型	63.5975	中等型	75.3689	中上型	80.2999	良好型
希腊	中东欧	69.8173	中上型	49.4154	中下型	64.5306	中等型	91.1321	优秀型
马其顿	中东欧	69.4348	中上型	48.9028	中下型	60.8581	中等型	92.3448	优秀型
亚美尼亚	西亚	68.9226	中上型	49.5928	中下型	58.8802	中等型	92.1288	优秀型
波黑	中东欧	68.8845	中上型	45.9109	低水平	59.3187	中等型	93.8593	优秀型
乌兹别克斯坦	中亚	68.4020	中上型	55.7867	中下型	54.8395	中下型	89.7828	优秀型
斯里兰卡	南亚	68.1074	中上型	58.7523	中下型	45.7501	中下型	91.3174	优秀型
约旦	西亚	67.3742	中上型	53.5693	中下型	51.3964	中下型	91.0494	优秀型
不丹	南亚	66.8537	中上型	43.7056	低水平	44.8515	中下型	98.1187	优秀型
阿尔巴尼亚	中东欧	66.4767	中等型	46.8782	低水平	57.2216	中下型	91.3159	优秀型
印度尼西亚	东南亚	66.4558	中等型	60.3767	中等型	41.3950	中下型	90.1713	优秀型
东帝汶	东南亚	66.2366	中等型	66.5433	中等型	37.5956	低水平	88.1022	良好型
泰国	东南亚	66.1201	中等型	53.6453	中下型	59.6547	中等型	86.4072	良好型
土耳其	西亚	65.9960	中等型	44.2623	低水平	53.5910	中下型	93.5063	优秀型
格鲁吉亚	西亚	65.8157	中等型	43.4177	低水平	51.2491	中下型	94.6272	优秀型
塞尔维亚	中东欧	64.7942	中等型	53.2401	中下型	55.4326	中下型	86.6634	良好型
乌克兰	中东欧	64.3276	中等型	37.6186	低水平	61.5855	中等型	92.0204	优秀型
阿曼	西亚	64.1438	中等型	52.2168	中下型	69.2964	中等型	81.1858	良好型
柬埔寨	东南亚	64.0425	中等型	57.1505	中下型	43.1479	中下型	88.3737	良好型
越南	东南亚	63.1173	中等型	55.9346	中下型	56.1313	中下型	83.0085	良好型
摩尔多瓦	中东欧	62.9256	中等型	37.8146	低水平	62.7785	中等型	89.8183	优秀型
菲律宾	东南亚	62.4209	中等型	58.3103	中下型	35.0732	低水平	88.9173	良好型
孟加拉国	南亚	61.9289	中等型	57.2028	中下型	33.4419	低水平	89.5416	优秀型
吉尔吉斯斯坦	中亚	61.3050	中等型	46.3715	低水平	50.6567	中下型	87.9966	良好型
摩洛哥	非洲	60.9714	中等型	47.1959	低水平	49.4039	中下型	87.6448	良好型
马尔代夫	南亚	60.7849	中等型	70.4997	中上型	76.0997	中上型	65.0233	协调型
蒙古国	东亚	60.7672	中等型	48.7248	中下型	60.7981	中等型	82.2814	良好型

续表

国家	地区	经济社会可持续发展子系统		一级指标					
				经济可持续发展		社会可持续发展		资源环境可持续发展	
		指数	分级类型	指数	分级类型	指数	分级类型	指数	分级类型
埃及	非洲	59.8213	中等型	57.6159	中下型	34.7480	低水平	86.3534	良好型
新加坡	东南亚	59.7359	中等型	82.1322	高水平	84.4521	中上型	54.4932	欠缺型
黎巴嫩	西亚	56.2627	中等型	31.1505	低水平	55.7810	中下型	88.1580	良好型
缅甸	东南亚	54.7609	中下型	48.0732	中下型	33.0866	低水平	86.0710	良好型
尼泊尔	南亚	53.8641	中下型	36.3943	低水平	29.4071	低水平	92.5697	优秀型
塔吉克斯坦	中亚	52.4191	中下型	42.5566	低水平	38.6086	低水平	84.1368	良好型
南非	非洲	52.2501	中下型	33.2066	低水平	38.1752	低水平	89.0324	良好型
伊朗	西亚	50.9255	中下型	28.5770	低水平	55.4614	中下型	83.3676	良好型
阿塞拜疆	西亚	50.7649	中下型	35.7296	低水平	55.2605	中下型	79.4839	良好型
老挝	东南亚	50.6723	中下型	40.1092	低水平	25.3706	低水平	88.3918	良好型
巴基斯坦	南亚	49.8424	中下型	46.2345	低水平	13.8640	低水平	88.5476	良好型
伊拉克	西亚	45.2430	中下型	38.8651	低水平	33.6016	低水平	79.5522	良好型
印度	南亚	41.0377	中下型	49.7661	中下型	25.2961	低水平	72.0128	协调型
也门	西亚	40.1243	中下型	42.1858	低水平	19.0573	低水平	77.3007	协调型
阿富汗	西亚	38.6033	中下型	40.0661	低水平	11.5490	低水平	79.4768	良好型
巴林	西亚	36.6789	中下型	64.5788	中等型	75.1427	中上型	40.1956	低水平
埃塞俄比亚	非洲	14.1795	低水平	39.8483	低水平	13.3396	低水平	50.2279	欠缺型

“一带一路”71国经济社会可持续发展综合评价分级类型的地理空间聚集特征见表4-4。

表4-4 “一带一路”71国经济社会可持续发展综合评价分级类型的地理空间聚集特征

国家	分级类型	地理空间聚集特征
韩国、斯洛文尼亚、爱沙尼亚、阿拉伯联合酋长国、捷克、新西兰、匈牙利、塞浦路斯、以色列、卡塔尔、斯洛伐克、波兰、克罗地亚、立陶宛、马来西亚、巴拿马、白俄罗斯、拉脱维亚、罗马尼亚、中国、文莱	卓越型（21个国家）	该类型国家空间聚集程度较高，主要表现为：①从中东欧的东北部到中部地区的11国连成一片；②中韩2国连成一片；③西亚波斯湾沿岸3国连成一片；新西兰、塞浦路斯、马来西亚、巴拿马、文莱5国散落分布，无聚集特征

续表

国家	分级类型	地理空间聚集特征
保加利亚、黑山、沙特阿拉伯、俄罗斯、土库曼斯坦、哈萨克斯坦、科威特、希腊、马其顿、亚美尼亚、波黑、乌兹别克斯坦、斯里兰卡、约旦、不丹	中上型（15 个国家）	该类型国家空间聚集程度较高，主要表现为：①中亚 3 国及俄罗斯呈较大片状聚集；②中东欧地区的亚得里亚海沿岸 5 国呈小片连接；③阿拉伯半岛上的西亚 3 国呈片状连接 南亚 2 国及亚美尼亚无聚集
阿尔巴尼亚、印度尼西亚、东帝汶、泰国、土耳其、格鲁吉亚、塞尔维亚、乌克兰、阿曼、柬埔寨、越南、摩尔多瓦、菲律宾、孟加拉国、吉尔吉斯斯坦、摩洛哥、马尔代夫、蒙古国、埃及、新加坡、黎巴嫩	中等型（21 个国家）	该类型国家聚集特征呈现出两种情形：①东南亚 7 国呈片状连接；②中东欧的阿尔巴尼亚、塞尔维亚及乌克兰、摩尔多瓦分别呈小片连接；西亚的土耳其、格鲁吉亚 2 国连成一片 其余 8 国分布在不同地区，无聚集特征
缅甸、尼泊尔、塔吉克斯坦、南非、伊朗、阿塞拜疆、老挝、巴基斯坦、伊拉克、印度、也门、阿富汗、巴林	中下型（13 个国家）	该类型国家存在高度聚集特征，表现为西亚、中亚、南亚及东南亚 10 国自西向东呈大片连接 其余 3 国无聚集特征
埃塞俄比亚	低水平（1 个国家）	非洲地区

第二节 “一带一路”国家经济社会可持续发展子系统一级指标评价

本节是对“一带一路”71 国经济社会可持续发展子系统下的经济可持续发展、社会可持续发展、资源环境可持续发展三个一级指标进行的综合评价。同时，对经济可持续发展一级指标下的经济水平与增长、经济发展质量、经济结构水平、经济运行效率四个二级指标，社会可持续发展维度下的人口发展、生活质量、社会保障、居民生活状况四个二级指标，资源环境可持续发展维度下的自然资源与利用、环境治理与投入两个二级指标分别进行了评价和分类，并在此基础上，分别梳理出经济可持续发展、社会可持续发展、资源环境可持续发展三个一级指标综合评价分级类型的地理空间聚集特征。

一、“一带一路”71 国经济可持续发展评价

“一带一路”71 国经济可持续发展评价见图 4-2。

国家	排名	指数
新加坡	1	82.1322
卡塔尔	2	77.7037
阿拉伯联合酋长国	3	73.2869
文莱	4	71.8065
马尔代夫	5	70.4997
以色列	6	70.3149
塞浦路斯	7	68.9305
匈牙利	8	67.2414
东帝汶	9	66.5433
捷克	10	66.4541
巴拿马	11	66.3778
韩国	12	66.0405
斯洛文尼亚	13	65.4897
中国	14	65.4780
爱沙尼亚	15	64.7624
波兰	16	64.7503
沙特阿拉伯	17	64.6187
巴林	18	64.5788
科威特	19	63.5975
新西兰	20	63.5060
马来西亚	21	62.9151
克罗地亚	22	61.5087
罗马尼亚	23	60.8165
立陶宛	24	60.4436
印度尼西亚	25	60.3767
哈萨克斯坦	26	59.3413
土库曼斯坦	27	58.9260
斯里兰卡	28	58.7523
菲律宾	29	58.3103
保加利亚	30	58.2801
埃及	31	57.6159
白俄罗斯	32	57.4467
孟加拉国	33	57.2028
柬埔寨	34	57.1505
拉脱维亚	35	56.9381
俄罗斯	36	56.2126
越南	37	55.9346
斯洛伐克	38	55.8792
乌兹别克斯坦	39	55.7867
泰国	40	53.6453
约旦	41	53.5693
塞尔维亚	42	53.2401
阿曼	43	52.2168
黑山	44	51.2572
印度	45	49.7661
亚美尼亚	46	49.5928
希腊	47	49.4154
马其顿	48	48.9028
蒙古国	49	48.7248
缅甸	50	48.0732
摩洛哥	51	47.1959
阿尔巴尼亚	52	46.8782
吉尔吉斯斯坦	53	46.3715
巴基斯坦	54	46.2345
波黑	55	45.9109
土耳其	56	44.2623
不丹	57	43.7056
格鲁吉亚	58	43.4177
塔吉克斯坦	59	42.5566
也门	60	42.1858
老挝	61	40.1092
阿富汗	62	40.0661
埃塞俄比亚	63	39.8483
伊拉克	64	38.8651
摩尔多瓦	65	37.8146
乌克兰	66	37.6186
尼泊尔	67	36.3943
阿塞拜疆	68	35.7296
南非	69	33.2066
黎巴嫩	70	31.1505
伊朗	71	28.5770

图 4-2 “一带一路”71 国经济可持续发展评价排名

“一带一路”71国经济可持续发展及其二级指标评价排名见表4-5。

表4-5 “一带一路”71国经济可持续发展及其二级指标评价排名

国家	地区	经济可持续发展		二级指标							
				经济水平与增长		经济发展质量		经济结构水平		经济运行效率	
		指数	排名	指数	排名	指数	排名	指数	排名	指数	排名
新加坡	东南亚	82.1322	1	42.1519	3	76.3354	11	57.1728	8	64.7213	1
卡塔尔	西亚	77.7037	2	37.9856	10	76.9311	10	61.9172	1	48.9311	4
阿拉伯联合酋长国	西亚	73.2869	3	35.5554	19	77.2451	8	59.2190	2	41.5580	6
文莱	东南亚	71.8065	4	37.0241	13	69.1236	38	56.3530	14	51.3269	3
马尔代夫	南亚	70.4997	5	39.4233	7	73.8200	19	50.9816	27	43.6025	5
以色列	西亚	70.3149	6	39.9789	6	72.5611	22	56.7174	10	35.9455	13
塞浦路斯	西亚	68.9305	7	34.0363	25	78.6739	5	55.6505	16	32.4617	23
匈牙利	中东欧	67.2414	8	35.4288	20	71.8276	25	55.5962	17	35.6457	14
东帝汶	东南亚	66.5433	9	67.9398	1	76.0412	14	25.7352	64	19.1565	63
捷克	中东欧	66.4541	10	33.2765	31	71.5715	30	57.9732	6	33.3992	19
巴拿马	中美洲	66.3778	11	30.5193	42	71.8547	24	45.9142	37	54.1498	2
韩国	东亚	66.0405	12	35.0906	22	75.2265	16	54.3941	18	28.5898	33
斯洛文尼亚	中东欧	65.4897	13	34.0456	24	70.2777	35	56.1803	15	33.6484	18
中国	东亚	65.4780	14	50.3884	2	70.5123	34	45.5888	38	23.1383	54
爱沙尼亚	中东欧	64.7624	15	35.5759	18	69.9513	36	56.3841	12	29.1287	29
波兰	中东欧	64.7503	16	35.6351	16	71.7648	26	52.1936	25	32.1148	24
沙特阿拉伯	西亚	64.6187	17	26.4692	57	70.5456	33	58.4404	4	38.8340	9
巴林	西亚	64.5788	18	29.9504	45	69.4484	37	59.0798	3	34.1518	15
科威特	西亚	63.5975	19	28.3982	51	72.6966	21	57.1334	9	30.9866	26
新西兰	大洋洲	63.5060	20	34.4813	23	71.7038	28	53.0507	23	28.6909	32
马来西亚	东南亚	62.9151	21	33.3890	29	76.0860	12	50.7178	28	24.8598	46
克罗地亚	中东欧	61.5087	22	29.8211	46	68.9774	40	53.8179	20	32.5358	22
罗马尼亚	中东欧	60.8165	23	32.9241	33	71.1316	31	42.0986	45	38.7974	10
立陶宛	中东欧	60.4436	24	35.1094	21	61.9766	50	53.3540	22	32.5836	21
印度尼西亚	东南亚	60.3767	25	33.4215	28	77.9483	6	36.5744	52	33.7234	17
哈萨克斯坦	中亚	59.3413	26	32.8431	34	65.0122	45	46.4998	35	37.4560	11
土库曼斯坦	中亚	58.9260	27	36.7479	14	65.4692	43	43.9751	42	32.9528	20

续表

国家	地区	经济可持续发展		二级指标							
				经济水平与增长		经济发展质量		经济结构水平		经济运行效率	
		指数	排名	指数	排名	指数	排名	指数	排名	指数	排名
斯里兰卡	南亚	58. 7523	28	25. 0282	61	77. 2258	9	38. 7405	49	39. 3945	8
菲律宾	东南亚	58. 3103	29	35. 5760	17	74. 2239	18	39. 3813	47	25. 4964	42
保加利亚	中东欧	58. 2801	30	30. 6161	41	67. 3263	41	53. 8010	21	23. 3560	51
埃及	非洲	57. 6159	31	33. 7755	27	72. 2287	23	42. 3598	44	24. 8950	45
白俄罗斯	中东欧	57. 4467	32	23. 6223	64	71. 7194	27	50. 2566	29	29. 5416	28
孟加拉国	南亚	57. 2028	33	40. 2856	5	76. 0510	13	27. 2862	61	28. 9705	30
柬埔寨	东南亚	57. 1505	34	37. 1036	12	83. 1479	2	31. 0720	56	17. 1243	68
拉脱维亚	中东欧	56. 9381	35	28. 3982	50	63. 9800	47	52. 4147	24	29. 6287	27
俄罗斯	中东欧	56. 2126	36	28. 5628	49	58. 8514	54	58. 2967	5	26. 6926	37
越南	东南亚	55. 9346	37	38. 2126	9	81. 3148	3	29. 0384	57	17. 2180	67
斯洛伐克	中东欧	55. 8792	38	30. 3702	44	55. 9635	57	57. 6530	7	28. 2813	35
乌兹别克斯坦	中亚	55. 7867	39	33. 8041	26	65. 1854	44	37. 6704	51	36. 6425	12
泰国	东南亚	53. 6453	40	27. 2677	55	79. 7265	4	33. 1181	54	23. 2818	52
约旦	西亚	53. 5693	41	24. 3671	62	62. 7695	48	56. 3848	11	21. 0528	56
塞尔维亚	中东欧	53. 2401	42	31. 3415	39	62. 5102	49	46. 2342	36	24. 1005	48
阿曼	西亚	52. 2168	43	20. 1968	68	60. 3456	52	56. 3655	13	26. 9000	36
黑山	中东欧	51. 2572	44	31. 1762	40	50. 4201	63	51. 9604	26	28. 7454	31
印度	南亚	49. 7661	45	32. 1639	37	74. 6830	17	25. 9070	63	21. 2490	55
亚美尼亚	西亚	49. 5928	46	39. 3438	8	52. 8874	60	39. 0731	48	25. 1824	43
希腊	中东欧	49. 4154	47	28. 7163	47	50. 9573	62	47. 8738	32	31. 4839	25
马其顿	中东欧	48. 9028	48	28. 0148	53	52. 3864	61	48. 0462	31	28. 3884	34
蒙古国	东亚	48. 7248	49	32. 7979	35	59. 0018	53	37. 7396	50	24. 6991	47
缅甸	东南亚	48. 0732	50	22. 8239	65	83. 9600	1	18. 2061	67	26. 4669	39
摩洛哥	非洲	47. 1959	51	25. 5471	59	69. 1173	39	31. 4656	55	23. 8762	49
阿尔巴尼亚	中东欧	46. 8782	52	25. 1624	60	70. 8397	32	28. 5336	59	24. 8951	44
吉尔吉斯斯坦	中亚	46. 3715	53	30. 4335	43	55. 1600	58	42. 9655	43	19. 2367	62
巴基斯坦	南亚	46. 2345	54	21. 0802	66	77. 8158	7	28. 9186	58	17. 5384	66
波黑	中东欧	45. 9109	55	27. 1356	56	57. 9545	55	44. 8847	39	15. 6730	69

续表

国家	地区	经济可持续发展		二级指标							
				经济水平与增长		经济发展质量		经济结构水平		经济运行效率	
		指数	排名	指数	排名	指数	排名	指数	排名	指数	排名
土耳其	西亚	44. 2623	56	23. 9475	63	42. 1506	65	44. 0292	41	41. 3127	7
不丹	南亚	43. 7056	57	33. 2850	30	75. 8291	15	11. 6638	68	18. 1629	65
格鲁吉亚	西亚	43. 4177	58	32. 4379	36	57. 8215	56	26. 3757	62	25. 9272	41
塔吉克斯坦	中亚	42. 5566	59	37. 7242	11	55. 0473	59	21. 3012	66	26. 5599	38
也门	西亚	42. 1858	60	20. 0823	69	64. 1467	46	34. 3685	53	19. 5805	58
老挝	东南亚	40. 1092	61	33. 0699	32	71. 6268	29	7. 5000	69	19. 2693	61
阿富汗	西亚	40. 0661	62	28. 3812	52	61. 5436	51	23. 4474	65	19. 5101	59
埃塞俄比亚	非洲	39. 8483	63	40. 3474	4	72. 9175	20	2. 9368	71	11. 6631	71
伊拉克	西亚	38. 8651	64	31. 6854	38	32. 6932	70	44. 1958	40	26. 3593	40
摩尔多瓦	中东欧	37. 8146	65	28. 6460	48	38. 2033	68	41. 1618	46	23. 2472	53
乌克兰	中东欧	37. 6186	66	27. 7180	54	35. 1382	69	47. 4961	33	19. 8343	57
尼泊尔	南亚	36. 3943	67	35. 8395	15	66. 7685	42	5. 4392	70	13. 4190	70
阿塞拜疆	西亚	35. 7296	68	25. 8758	58	41. 3875	66	28. 3440	60	33. 9456	16
南非	非洲	33. 2066	69	20. 4378	67	27. 9480	71	54. 3217	19	18. 2027	64
黎巴嫩	西亚	31. 1505	70	2. 3460	70	45. 2362	64	49. 1594	30	19. 4830	60
伊朗	西亚	28. 5770	71	1. 6290	71	40. 2181	67	46. 5906	34	23. 7264	50

“一带一路”71 国经济可持续发展排名及分级类型见表 4-6。

表 4-6 “一带一路”71 国经济可持续发展排名及分级类型

国家	地区	指数	排名	分级类型
新加坡	东南亚	82. 1322	1	高水平
卡塔尔	西亚	77. 7037	2	高水平
阿拉伯联合酋长国	西亚	73. 2869	3	中上型
文莱	东南亚	71. 8065	4	中上型
马尔代夫	南亚	70. 4997	5	中上型
以色列	西亚	70. 3149	6	中上型
塞浦路斯	西亚	68. 9305	7	中上型
匈牙利	中东欧	67. 2414	8	中等型

续表

国家	地区	指数	排名	分级类型
东帝汶	东南亚	66.5433	9	中等型
捷克	中东欧	66.4541	10	中等型
巴拿马	中美洲	66.3778	11	中等型
韩国	东亚	66.0405	12	中等型
斯洛文尼亚	中东欧	65.4897	13	中等型
中国	东亚	65.4780	14	中等型
爱沙尼亚	中东欧	64.7624	15	中等型
波兰	中东欧	64.7503	16	中等型
沙特阿拉伯	西亚	64.6187	17	中等型
巴林	西亚	64.5788	18	中等型
科威特	西亚	63.5975	19	中等型
新西兰	大洋洲	63.5060	20	中等型
马来西亚	东南亚	62.9151	21	中等型
克罗地亚	中东欧	61.5087	22	中等型
罗马尼亚	中东欧	60.8165	23	中等型
立陶宛	中东欧	60.4436	24	中等型
印度尼西亚	东南亚	60.3767	25	中等型
哈萨克斯坦	中亚	59.3413	26	中等型
土库曼斯坦	中亚	58.9260	27	中下型
斯里兰卡	南亚	58.7523	28	中下型
菲律宾	东南亚	58.3103	29	中下型
保加利亚	中东欧	58.2801	30	中下型
埃及	非洲	57.6159	31	中下型
白俄罗斯	中东欧	57.4467	32	中下型
孟加拉国	南亚	57.2028	33	中下型
柬埔寨	东南亚	57.1505	34	中下型
拉脱维亚	中东欧	56.9381	35	中下型
俄罗斯	中东欧	56.2126	36	中下型
越南	东南亚	55.9346	37	中下型
斯洛伐克	中东欧	55.8792	38	中下型
乌兹别克斯坦	中亚	55.7867	39	中下型

续表

国家	地区	指数	排名	分级类型
泰国	东南亚	53.6453	40	中下型
约旦	西亚	53.5693	41	中下型
塞尔维亚	中东欧	53.2401	42	中下型
阿曼	西亚	52.2168	43	中下型
黑山	中东欧	51.2572	44	中下型
印度	南亚	49.7661	45	中下型
亚美尼亚	西亚	49.5928	46	中下型
希腊	中东欧	49.4154	47	中下型
马其顿	中东欧	48.9028	48	中下型
蒙古国	东亚	48.7248	49	中下型
缅甸	东南亚	48.0732	50	中下型
摩洛哥	非洲	47.1959	51	低水平
阿尔巴尼亚	中东欧	46.8782	52	低水平
吉尔吉斯斯坦	中亚	46.3715	53	低水平
巴基斯坦	南亚	46.2345	54	低水平
波黑	中东欧	45.9109	55	低水平
土耳其	西亚	44.2623	56	低水平
不丹	南亚	43.7056	57	低水平
格鲁吉亚	西亚	43.4177	58	低水平
塔吉克斯坦	中亚	42.5566	59	低水平
也门	西亚	42.1858	60	低水平
老挝	东南亚	40.1092	61	低水平
阿富汗	西亚	40.0661	62	低水平
埃塞俄比亚	非洲	39.8483	63	低水平
伊拉克	西亚	38.8651	64	低水平
摩尔多瓦	中东欧	37.8146	65	低水平
乌克兰	中东欧	37.6186	66	低水平
尼泊尔	南亚	36.3943	67	低水平
阿塞拜疆	西亚	35.7296	68	低水平
南非	非洲	33.2066	69	低水平
黎巴嫩	西亚	31.1505	70	低水平
伊朗	西亚	28.5770	71	低水平

表 4-7　“一带一路”71 国经济可持续发展评价分级类型的地理空间聚集特征

国家	分级类型	地理空间聚集特征
新加坡、卡塔尔	高水平 （2 个国家）	2 个国家分布于东南亚、西亚地区，无聚集特征
阿拉伯联合酋长国、文莱、马尔代夫、以色列、塞浦路斯	中上型 （5 个国家）	该类型国家分布在不同地区，无聚集特征
匈牙利、东帝汶、捷克、巴拿马、韩国、斯洛文尼亚、中国、爱沙尼亚、波兰、沙特阿拉伯、巴林、科威特、新西兰、马来西亚、克罗地亚、罗马尼亚、立陶宛、印度尼西亚、哈萨克斯坦	中等型 （19 个国家）	该类型国家地理空间聚集程度较高：①中东欧的中部地区及西北部地区的 8 国呈大片连接；②东亚 2 国连成一片；西亚 3 国、东南亚 3 国各自均呈片状连接 其余 3 国分属于不同地区，无聚集特征
土库曼斯坦、斯里兰卡、菲律宾、保加利亚、埃及、白俄罗斯、孟加拉国、柬埔寨、拉脱维亚、俄罗斯、越南、斯洛伐克、乌兹别克斯坦、泰国、约旦、塞尔维亚、阿曼、黑山、印度、亚美尼亚、希腊、马其顿、蒙古国、缅甸	中下型 （24 个国家）	该类型国家有较高聚集特征，表现为：①中东欧南部 5 国、北部 4 国均有片状聚集；②南亚 4 国与东南亚 5 国呈带状连接；③中亚 2 国也有小片相连 其余 4 国分属不同地区，无聚集特征
摩洛哥、阿尔巴尼亚、吉尔吉斯斯坦、巴基斯坦、波黑、土耳其、不丹、格鲁吉亚、塔吉克斯坦、也门、老挝、阿富汗、埃塞俄比亚、伊拉克、摩尔多瓦、乌克兰、尼泊尔、阿塞拜疆、南非、黎巴嫩、伊朗	低水平 （21 个国家）	该类型国家有较明显的空间聚集特征，表现为：①西亚 4 国及南亚的巴基斯坦自西向东呈大片连接；②中亚 2 国、西亚 2 国、南亚 2 国、中东欧的东部 2 国及西南部 2 国均呈小块聚集 其余 6 国散落在不同地区，无聚集特征

二、“一带一路”71 国社会可持续发展评价

“一带一路”71 国社会可持续发展评价见图 4-3。

国家	排名	指数	国家	排名	指数
阿拉伯联合酋长国	1	94.1218	亚美尼亚	37	58.8802
新加坡	2	84.4521	阿尔巴尼亚	38	57.2216
卡塔尔	3	83.6389	保加利亚	39	56.7400
韩国	4	81.7707	土库曼斯坦	40	56.2805
塞浦路斯	5	77.1470	越南	41	56.1313
白俄罗斯	6	76.2241	黎巴嫩	42	55.7810
马尔代夫	7	76.0997	伊朗	43	55.4614
科威特	8	75.3689	塞尔维亚	44	55.4326
巴林	9	75.1427	阿塞拜疆	45	55.2605
捷克	10	74.5682	乌兹别克斯坦	46	54.8395
斯洛伐克	11	73.8867	巴拿马	47	53.7285
斯洛文尼亚	12	73.7151	土耳其	48	53.5910
新西兰	13	70.6295	约旦	49	51.3964
阿曼	14	69.2964	格鲁吉亚	50	51.2491
爱沙尼亚	15	69.0264	吉尔吉斯斯坦	51	50.6567
沙特阿拉伯	16	68.8006	摩洛哥	52	49.4039
波兰	17	68.4473	斯里兰卡	53	45.7501
文莱	18	67.8607	不丹	54	44.8515
匈牙利	19	67.5179	柬埔寨	55	43.1479
以色列	20	66.9918	印度尼西亚	56	41.3950
立陶宛	21	66.2313	塔吉克斯坦	57	38.6086
哈萨克斯坦	22	64.8808	南非	58	38.1752
克罗地亚	23	64.7818	东帝汶	59	37.5956
希腊	24	64.5306	菲律宾	60	35.0732
马来西亚	25	64.4406	埃及	61	34.7480
黑山	26	64.1463	伊拉克	62	33.6016
摩尔多瓦	27	62.7785	孟加拉国	63	33.4419
乌克兰	28	61.5855	缅甸	64	33.0866
马其顿	29	60.8581	尼泊尔	65	29.4071
蒙古国	30	60.7981	老挝	66	25.3706
俄罗斯	31	60.5203	印度	67	25.2961
罗马尼亚	32	60.1984	也门	68	19.0573
拉脱维亚	33	59.8229	巴基斯坦	69	13.8640
泰国	34	59.6547	埃塞俄比亚	70	13.3396
中国	35	59.5265	阿富汗	71	11.5490
波黑	36	59.3187			

图 4-3 “一带一路”71 国社会可持续发展评价排名

“一带一路”71国社会可持续发展及其二级指标评价排名见表4-8。

表4-8 “一带一路”71国社会可持续发展及其二级指标评价排名

国家	地区	社会可持续发展		二级指标							
				人口发展		生活质量		社会保障		居民生活状况	
		指数	排名	指数	排名	指数	排名	指数	排名	指数	排名
阿拉伯联合酋长国	西亚	94.1218	1	87.7510	2	92.2293	1	62.9216	3	92.4752	2
新加坡	东南亚	84.4521	2	85.9633	3	85.5602	2	55.8884	6	78.5828	16
卡塔尔	西亚	83.6389	3	91.6809	1	76.4590	8	65.4951	2	66.3777	27
韩国	东亚	81.7707	4	81.3859	10	80.0448	4	73.2459	1	61.1090	38
塞浦路斯	西亚	77.1470	5	80.2989	12	77.7117	6	44.4862	21	83.7477	6
白俄罗斯	中东欧	76.2241	6	67.4756	37	76.2544	9	55.2007	7	86.4746	5
马尔代夫	南亚	76.0997	7	85.9614	4	63.1904	30	57.1923	4	72.7030	20
科威特	西亚	75.3689	8	81.5885	9	74.9475	10	55.9746	5	65.6070	28
巴林	西亚	75.1427	9	85.4211	5	61.1739	34	54.6484	8	75.3494	18
捷克	中东欧	74.5682	10	69.7279	28	74.0450	11	45.7847	17	91.4686	3
斯洛伐克	中东欧	73.8867	11	69.5841	29	69.6791	14	48.9113	10	90.2005	4
斯洛文尼亚	中东欧	73.7151	12	73.8029	20	67.6786	16	42.0600	27	94.1865	1
新西兰	大洋洲	70.6295	13	77.9979	13	66.8888	21	45.5773	18	75.3754	17
阿曼	西亚	69.2964	14	83.2870	7	72.6723	12	48.7478	12	54.5463	51
爱沙尼亚	中东欧	69.0264	15	68.7476	32	77.3339	7	37.4794	39	81.2726	10
沙特阿拉伯	西亚	68.8006	16	81.0049	11	56.0943	45	46.7923	14	75.0190	19
波兰	中东欧	68.4473	17	68.6765	33	66.3184	23	45.8060	16	80.8615	14
文莱	东南亚	67.8607	18	76.7977	15	63.5263	28	47.7707	13	68.8277	25
匈牙利	中东欧	67.5179	19	64.7094	42	68.7845	15	45.4946	19	80.9318	12
以色列	西亚	66.9918	20	84.8346	6	66.4565	22	31.3060	52	71.8552	21
立陶宛	中东欧	66.2313	21	63.5144	46	79.2222	5	42.2485	25	71.5889	23
哈萨克斯坦	中亚	64.8808	22	70.2188	27	63.1049	31	36.5096	40	81.4874	8
克罗地亚	中东欧	64.7818	23	65.8104	40	64.8731	25	40.1340	30	80.9025	13
希腊	中东欧	64.5306	24	71.1906	26	62.9656	32	36.1284	45	79.6694	15
马来西亚	东南亚	64.4406	25	77.0034	14	63.3437	29	37.8962	38	69.2915	24
黑山	中东欧	64.1463	26	72.0589	23	81.0807	3	37.9722	36	56.7825	46
摩尔多瓦	中东欧	62.7785	27	60.1066	53	53.3383	49	50.7348	9	81.1320	11
乌克兰	中东欧	61.5855	28	57.9689	57	53.6094	48	48.7654	11	82.1207	7

续表

国家	地区	社会可持续发展		二级指标							
				人口发展		生活质量		社会保障		居民生活状况	
		指数	排名	指数	排名	指数	排名	指数	排名	指数	排名
马其顿	中东欧	60. 8581	29	69. 3780	30	59. 9121	37	43. 4999	24	64. 6066	32
蒙古国	东亚	60. 7981	30	65. 4550	41	67. 5276	18	42. 2199	26	63. 3543	33
俄罗斯	中东欧	60. 5203	31	63. 4142	47	64. 1843	27	45. 3076	20	64. 8905	31
罗马尼亚	中东欧	60. 1984	32	62. 4797	48	65. 7221	24	43. 6239	23	65. 4982	29
拉脱维亚	中东欧	59. 8229	33	61. 9034	50	67. 5423	17	36. 3632	42	71. 7296	22
泰国	东南亚	59. 6547	34	71. 5335	24	54. 7789	47	40. 3160	29	66. 8267	26
中国	东亚	59. 5265	35	73. 0387	22	58. 2035	41	46. 0070	15	54. 2833	52
波黑	中东欧	59. 3187	36	68. 2507	34	59. 7388	39	40. 0010	32	65. 3970	30
亚美尼亚	西亚	58. 8802	37	67. 5790	36	62. 6357	33	39. 0416	34	63. 0559	35
阿尔巴尼亚	中东欧	57. 2216	38	71. 3499	25	56. 4188	44	37. 9358	37	60. 3404	39
保加利亚	中东欧	56. 7400	39	59. 0178	54	71. 5364	13	40. 7420	28	56. 3622	48
土库曼斯坦	中亚	56. 2805	40	44. 8272	64	64. 3910	26	40. 0974	31	81. 4874	9
越南	东南亚	56. 1313	41	67. 6289	35	59. 8814	38	38. 3657	35	57. 6880	44
黎巴嫩	西亚	55. 7810	42	82. 1781	8	45. 7892	55	36. 2959	43	54. 1648	53
伊朗	西亚	55. 4614	43	74. 9613	17	57. 3030	42	36. 4855	41	50. 7217	57
塞尔维亚	中东欧	55. 4326	44	64. 5321	44	59. 1620	40	39. 9415	33	58. 3694	43
阿塞拜疆	西亚	55. 2605	45	64. 6669	43	60. 6351	36	44. 4429	22	50. 8553	55
乌兹别克斯坦	中亚	54. 8395	46	66. 8265	38	56. 9956	43	36. 2693	44	59. 9504	40
巴拿马	中美洲	53. 7285	47	74. 9091	18	67. 2150	19	32. 9853	49	39. 2675	66
土耳其	西亚	53. 5910	48	76. 2030	16	44. 6439	57	35. 9922	46	56. 4425	47
约旦	西亚	51. 3964	49	73. 4838	21	50. 4692	52	22. 9020	64	62. 4016	37
格鲁吉亚	西亚	51. 2491	50	62. 4671	49	67. 1380	20	30. 2631	54	50. 8553	56
吉尔吉斯斯坦	中亚	50. 6567	51	65. 9422	39	52. 9687	50	29. 6682	56	59. 4245	41
摩洛哥	非洲	49. 4039	52	68. 7911	31	60. 6533	35	28. 1149	58	45. 6832	63
斯里兰卡	南亚	45. 7501	53	74. 5210	19	34. 5039	61	33. 9675	48	45. 9506	60
不丹	南亚	44. 8515	54	57. 4463	58	49. 0039	53	35. 2247	47	49. 2930	58
柬埔寨	东南亚	43. 1479	55	57. 3194	59	50. 5052	51	24. 1816	61	55. 4097	50
印度尼西亚	东南亚	41. 3950	56	60. 6287	52	44. 8349	56	32. 0514	51	41. 8946	65
塔吉克斯坦	中亚	38. 6086	57	56. 6726	60	34. 1137	63	23. 1231	63	59. 4245	42

续表

国家	地区	社会可持续发展		二级指标							
				人口发展		生活质量		社会保障		居民生活状况	
		指数	排名	指数	排名	指数	排名	指数	排名	指数	排名
南非	非洲	38. 1752	58	41. 9389	66	55. 7179	46	30. 0423	55	47. 3533	59
东帝汶	东南亚	37. 5956	59	45. 6727	63	48. 3980	54	22. 2284	65	57. 1734	45
菲律宾	东南亚	35. 0732	60	58. 6022	55	40. 3938	58	24. 8214	59	37. 1122	67
埃及	非洲	34. 7480	61	64. 4782	45	30. 6927	66	18. 3026	66	45. 8326	61
伊拉克	西亚	33. 6016	62	60. 8374	51	32. 6189	64	12. 8524	68	51. 3588	54
孟加拉国	南亚	33. 4419	63	58. 4376	56	34. 4130	62	31. 0040	53	30. 8452	69
缅甸	东南亚	33. 0866	64	39. 3369	67	31. 2086	65	32. 4330	50	56. 3233	49
尼泊尔	南亚	29. 4071	65	54. 7052	61	34. 6171	60	24. 0278	62	30. 6923	70
老挝	东南亚	25. 3706	66	42. 2787	65	39. 2605	59	24. 3504	60	28. 8701	71
印度	南亚	25. 2961	67	49. 9282	62	21. 1539	67	29. 3184	57	31. 0851	68
也门	西亚	19. 0573	68	32. 8096	69	15. 3678	69	9. 0501	69	63. 0559	36
巴基斯坦	南亚	13. 8640	69	26. 8881	71	19. 5256	68	15. 7900	67	41. 9105	64
埃塞俄比亚	非洲	13. 3396	70	37. 3967	68	14. 6031	70	3. 5170	70	45. 8326	62
阿富汗	西亚	11. 5490	71	29. 2834	70	6. 2402	71	0. 1987	71	63. 0559	34

“一带一路”71 国社会可持续发展排名及分级类型见表 4-9。

表 4-9　“一带一路”71 国社会可持续发展排名及分级类型

国家	地区	指数	排名	分级类型
阿拉伯联合酋长国	西亚	94. 1218	1	高水平
新加坡	东南亚	84. 4521	2	中上型
卡塔尔	西亚	83. 6389	3	中上型
韩国	东亚	81. 7707	4	中上型
塞浦路斯	西亚	77. 1470	5	中上型
白俄罗斯	中东欧	76. 2241	6	中上型
马尔代夫	南亚	76. 0997	7	中上型
科威特	西亚	75. 3689	8	中上型
巴林	西亚	75. 1427	9	中上型
捷克	中东欧	74. 5682	10	中上型

续表

国家	地区	指数	排名	分级类型
斯洛伐克	中东欧	73.8867	11	中上型
斯洛文尼亚	中东欧	73.7151	12	中上型
新西兰	大洋洲	70.6295	13	中等型
阿曼	西亚	69.2964	14	中等型
爱沙尼亚	中东欧	69.0264	15	中等型
沙特阿拉伯	西亚	68.8006	16	中等型
波兰	中东欧	68.4473	17	中等型
文莱	东南亚	67.8607	18	中等型
匈牙利	中东欧	67.5179	19	中等型
以色列	西亚	66.9918	20	中等型
立陶宛	中东欧	66.2313	21	中等型
哈萨克斯坦	中亚	64.8808	22	中等型
克罗地亚	中东欧	64.7818	23	中等型
希腊	中东欧	64.5306	24	中等型
马来西亚	东南亚	64.4406	25	中等型
黑山	中东欧	64.1463	26	中等型
摩尔多瓦	中东欧	62.7785	27	中等型
乌克兰	中东欧	61.5855	28	中等型
马其顿	中东欧	60.8581	29	中等型
蒙古国	东亚	60.7981	30	中等型
俄罗斯	中东欧	60.5203	31	中等型
罗马尼亚	中东欧	60.1984	32	中等型
拉脱维亚	中东欧	59.8229	33	中等型
泰国	东南亚	59.6547	34	中等型
中国	东亚	59.5265	35	中等型
波黑	中东欧	59.3187	36	中等型
亚美尼亚	西亚	58.8802	37	中等型
阿尔巴尼亚	中东欧	57.2216	38	中下型
保加利亚	中东欧	56.7400	39	中下型
土库曼斯坦	中亚	56.2805	40	中下型
越南	东南亚	56.1313	41	中下型

续表

国家	地区	指数	排名	分级类型
黎巴嫩	西亚	55.7810	42	中下型
伊朗	西亚	55.4614	43	中下型
塞尔维亚	中东欧	55.4326	44	中下型
阿塞拜疆	西亚	55.2605	45	中下型
乌兹别克斯坦	中亚	54.8395	46	中下型
巴拿马	中美洲	53.7285	47	中下型
土耳其	西亚	53.5910	48	中下型
约旦	西亚	51.3964	49	中下型
格鲁吉亚	西亚	51.2491	50	中下型
吉尔吉斯斯坦	中亚	50.6567	51	中下型
摩洛哥	非洲	49.4039	52	中下型
斯里兰卡	南亚	45.7501	53	中下型
不丹	南亚	44.8515	54	中下型
柬埔寨	东南亚	43.1479	55	中下型
印度尼西亚	东南亚	41.3950	56	中下型
塔吉克斯坦	中亚	38.6086	57	低水平
南非	非洲	38.1752	58	低水平
东帝汶	东南亚	37.5956	59	低水平
菲律宾	东南亚	35.0732	60	低水平
埃及	非洲	34.7480	61	低水平
伊拉克	西亚	33.6016	62	低水平
孟加拉国	南亚	33.4419	63	低水平
缅甸	东南亚	33.0866	64	低水平
尼泊尔	南亚	29.4071	65	低水平
老挝	东南亚	25.3706	66	低水平
印度	南亚	25.2961	67	低水平
也门	西亚	19.0573	68	低水平
巴基斯坦	南亚	13.8640	69	低水平
埃塞俄比亚	非洲	13.3396	70	低水平
阿富汗	西亚	11.5490	71	低水平

“一带一路”71 国社会可持续发展评价分级类型的地理空间聚集特征见表 4-10。

表 4-10 “一带一路”71 国社会可持续发展评价分级类型的地理空间聚集特征

国家	分级类型	地理空间聚集特征
阿拉伯联合酋长国	高水平（1 个国家）	西亚地区
新加坡、卡塔尔、韩国、塞浦路斯、白俄罗斯、马尔代夫、科威特、巴林、捷克、斯洛伐克、斯洛文尼亚	中上型（11 个国家）	该类型国家无明显的空间聚集特征，仅表现为波斯湾地区的 3 国及中东欧 2 国有较小的空间集聚，其余 6 国分属在不同地区，无聚集特征
新西兰、阿曼、爱沙尼亚、沙特阿拉伯、波兰、文莱、匈牙利、以色列、立陶宛、哈萨克斯坦、克罗地亚、希腊、马来西亚、黑山、摩尔多瓦、乌克兰、马其顿、蒙古国、俄罗斯、罗马尼亚、拉脱维亚、泰国、中国、波黑、亚美尼亚	中等型（25 个国家）	该类型国家空间聚集程度较高，表现为：①中东欧 14 国、东亚 2 国、中亚 1 国在空间上呈现大片状聚集状态，横跨欧亚大陆；②西亚 3 国及东南亚 3 国也分别呈小块连接状态 新西兰、亚美尼亚 2 国分属不同地区，无聚集特征
阿尔巴尼亚、保加利亚、土库曼斯坦、越南、黎巴嫩、伊朗、塞尔维亚、阿塞拜疆、乌兹别克斯坦、巴拿马、土耳其、约旦、格鲁吉亚、吉尔吉斯斯坦、摩洛哥、斯里兰卡、不丹、柬埔寨、印度尼西亚	中下型（19 个国家）	该类型国家在空间上有较明显的聚集特征，表现为：①中亚 3 国与西亚 5 国大片地区呈环状聚集；②东南亚 3 国、中东欧南部 3 国也有小片连接 其余 5 国分属不同地区，无聚集特征
塔吉克斯坦、南非、东帝汶、菲律宾、埃及、伊拉克、孟加拉国、缅甸、尼泊尔、老挝、印度、也门、巴基斯坦、埃塞俄比亚、阿富汗	低水平（15 个国家）	该类型国家在空间聚集特征上有一定的空间聚集特征，表现为：①南亚 4 国和西亚的阿富汗及中亚的塔吉克斯坦聚集特征呈半环形状态；②东南亚 4 国呈线形状态 非洲 3 国及西亚 2 国均不相连，无聚集特征

三、“一带一路”71国资源环境可持续发展评价

“一带一路”71国资源环境可持续发展评价指标见图4-4。

国家	排名	指数
不丹	1	98.1187
爱沙尼亚	2	97.5759
拉脱维亚	3	97.2262
斯洛文尼亚	4	95.5766
巴拿马	5	95.2516
新西兰	6	95.1518
罗马尼亚	7	94.9472
韩国	8	94.7475
斯洛伐克	9	94.7305
格鲁吉亚	10	94.6272
克罗地亚	11	94.2396
保加利亚	12	94.2240
匈牙利	13	94.2040
波黑	14	93.8593
立陶宛	15	93.8385
捷克	16	93.6679
土耳其	17	93.5063
马来西亚	18	93.1818
黑山	19	93.0613
尼泊尔	20	92.5697
马其顿	21	92.3448
亚美尼亚	22	92.1288
波兰	23	92.0253
乌克兰	24	92.0204
中国	25	91.9320
土库曼斯坦	26	91.3225
斯里兰卡	27	91.3174
阿尔巴尼亚	28	91.3159
俄罗斯	29	91.2174
以色列	30	91.1511
希腊	31	91.1321
白俄罗斯	32	91.0651
约旦	33	91.0494
印度尼西亚	34	90.1713
摩尔多瓦	35	89.8183
乌兹别克斯坦	36	89.7828
孟加拉国	37	89.5416
南非	38	89.0324
塞浦路斯	39	89.0066
菲律宾	40	88.9173
巴基斯坦	41	88.5476
老挝	42	88.3918
柬埔寨	43	88.3737
黎巴嫩	44	88.1580
东帝汶	45	88.1022
吉尔吉斯斯坦	46	87.9966
摩洛哥	47	87.6448
哈萨克斯坦	48	86.7247
塞尔维亚	49	86.6634
泰国	50	86.4072
埃及	51	86.3534
缅甸	52	86.0710
文莱	53	85.3213
塔吉克斯坦	54	84.1368
沙特阿拉伯	55	84.0551
伊朗	56	83.3676
阿拉伯联合酋长国	57	83.3542
越南	58	83.0085
蒙古国	59	82.2814
阿曼	60	81.1858
卡塔尔	61	80.9056
科威特	62	80.2999
伊拉克	63	79.5522
阿塞拜疆	64	79.4839
阿富汗	65	79.4768
也门	66	77.3007
印度	67	72.0128
马尔代夫	68	65.0233
新加坡	69	54.4932
埃塞俄比亚	70	50.2279
巴林	71	40.1956

图4-4 “一带一路”71国资源环境可持续发展评价指标

“一带一路”71国资源环境可持续发展及其二级指标评价排名见表4-11。

表4-11 “一带一路”71国资源环境可持续发展及其二级指标评价排名

国家	地区	资源环境可持续发展		二级指标			
				自然资源与利用		环境治理与投入	
		指数	排名	指数	排名	指数	排名
不丹	南亚	98.1187	1	87.2465	5	99.0548	2
爱沙尼亚	中东欧	97.5759	2	89.4067	1	96.3656	23
拉脱维亚	中东欧	97.2262	3	88.1141	3	97.0912	10
斯洛文尼亚	中东欧	95.5766	4	87.6651	4	95.3417	55
巴拿马	中美洲	95.2516	5	86.0213	7	96.4213	21
新西兰	大洋洲	95.1518	6	85.7031	8	96.5820	16
罗马尼亚	中东欧	94.9472	7	85.6305	9	96.3804	22
韩国	东亚	94.7475	8	88.2824	2	93.6905	64
斯洛伐克	中东欧	94.7305	9	86.4417	6	95.3537	53
格鲁吉亚	西亚	94.6272	10	85.1268	13	96.4226	20
克罗地亚	中东欧	94.2396	11	84.2322	15	96.7341	13
保加利亚	中东欧	94.2240	12	85.1443	12	95.8784	33
匈牙利	中东欧	94.2040	13	85.2552	11	95.7506	39
波黑	中东欧	93.8593	14	83.6368	18	96.7812	12
立陶宛	中东欧	93.8385	15	84.4683	14	95.9925	29
捷克	中东欧	93.6679	16	85.2917	10	95.0150	60
土耳其	西亚	93.5063	17	84.2279	16	95.7775	37
马来西亚	东南亚	93.1818	18	84.2178	17	95.3618	52
黑山	中东欧	93.0613	19	83.2124	19	96.1246	25
尼泊尔	南亚	92.5697	20	79.3624	36	99.0061	3
马其顿	中东欧	92.3448	21	82.4822	24	95.8547	34
亚美尼亚	西亚	92.1288	22	82.6306	22	95.4359	51
波兰	中东欧	92.0253	23	82.8116	21	95.1347	58
乌克兰	中东欧	92.0204	24	82.4584	25	95.4516	50
中国	东亚	91.9320	25	82.2305	26	95.5445	48
土库曼斯坦	中亚	91.3225	26	81.3168	29	95.5828	47
斯里兰卡	南亚	91.3174	27	79.0372	39	97.6636	6

续表

国家	地区	资源环境可持续发展		二级指标			
				自然资源与利用		环境治理与投入	
		指数	排名	指数	排名	指数	排名
阿尔巴尼亚	中东欧	91. 3159	28	80. 1779	33	96. 6172	15
俄罗斯	中东欧	91. 2174	29	80. 8108	31	95. 9086	31
以色列	西亚	91. 1511	30	82. 6156	23	94. 1690	62
希腊	中东欧	91. 1321	31	80. 5789	32	96. 0092	27
白俄罗斯	中东欧	91. 0651	32	81. 4660	27	95. 1092	59
约旦	西亚	91. 0494	33	80. 9057	30	95. 6016	44
印度尼西亚	东南亚	90. 1713	34	78. 3053	41	96. 8327	11
摩尔多瓦	中东欧	89. 8183	35	78. 9259	40	95. 8020	35
乌兹别克斯坦	中亚	89. 7828	36	79. 2234	38	95. 4831	49
孟加拉国	南亚	89. 5416	37	79. 6715	34	94. 7568	61
南非	非洲	89. 0324	38	77. 2250	42	96. 3302	24
塞浦路斯	西亚	89. 0066	39	79. 5787	35	94. 1411	63
菲律宾	东南亚	88. 9173	40	76. 9326	43	96. 4472	19
巴基斯坦	南亚	88. 5476	41	75. 3872	48	97. 3782	9
老挝	东南亚	88. 3918	42	74. 5866	52	97. 9072	5
柬埔寨	东南亚	88. 3737	43	75. 0685	50	97. 4421	8
黎巴嫩	西亚	88. 1580	44	79. 2254	37	93. 3530	65
东帝汶	东南亚	88. 1022	45	76. 6902	44	95. 6016	45
吉尔吉斯斯坦	中亚	87. 9966	46	75. 3846	49	96. 6587	14
摩洛哥	非洲	87. 6448	47	75. 4949	47	96. 0970	26
哈萨克斯坦	中亚	86. 7247	48	74. 5224	53	95. 7824	36
塞尔维亚	中东欧	86. 6634	49	74. 9129	51	95. 3445	54
泰国	东南亚	86. 4072	50	73. 8271	55	96. 0033	28
埃及	非洲	86. 3534	51	74. 0918	54	95. 6903	41
缅甸	东南亚	86. 0710	52	71. 0938	57	98. 0657	4
文莱	东南亚	85. 3213	53	76. 3122	45	92. 3052	67
塔吉克斯坦	中亚	84. 1368	54	68. 9444	62	97. 5006	7
沙特阿拉伯	西亚	84. 0551	55	70. 7423	58	95. 7472	40
伊朗	西亚	83. 3676	56	69. 8824	60	95. 6341	43

续表

国家	地区	资源环境可持续发展		二级指标			
				自然资源与利用		环境治理与投入	
		指数	排名	指数	排名	指数	排名
阿拉伯联合酋长国	西亚	83.3542	57	70.3510	59	95.1875	57
越南	东南亚	83.0085	58	69.0478	61	95.9279	30
蒙古国	东亚	82.2814	59	68.0308	64	95.9069	32
阿曼	西亚	81.1858	60	66.7488	65	95.6458	42
卡塔尔	西亚	80.9056	61	71.6388	56	90.8010	68
科威特	西亚	80.2999	62	68.6743	63	92.7223	66
伊拉克	西亚	79.5522	63	64.4743	67	95.5888	46
阿塞拜疆	西亚	79.4839	64	64.7090	66	95.2845	56
阿富汗	西亚	79.4768	65	63.3243	68	96.5433	17
也门	西亚	77.3007	66	61.0632	69	95.7634	38
印度	南亚	72.0128	67	52.7428	70	96.4563	18
马尔代夫	南亚	65.0233	68	81.4608	28	61.0038	69
新加坡	东南亚	54.4932	69	83.0862	20	45.7228	70
埃塞俄比亚	非洲	50.2279	70	18.2141	71	99.5408	1
巴林	西亚	40.1956	71	75.7089	46	33.7511	71

“一带一路”71国资源环境可持续发展排名及分级类型见表4-12。

表4-12 “一带一路”71国资源环境可持续发展排名及分级类型

国家	地区	指数	排名	分级类型
不丹	南亚	98.1187	1	优秀型
爱沙尼亚	中东欧	97.5759	2	优秀型
拉脱维亚	中东欧	97.2262	3	优秀型
斯洛文尼亚	中东欧	95.5766	4	优秀型
巴拿马	中美洲	95.2516	5	优秀型
新西兰	大洋洲	95.1518	6	优秀型
罗马尼亚	中东欧	94.9472	7	优秀型
韩国	东亚	94.7475	8	优秀型

续表

国家	地区	指数	排名	分级类型
斯洛伐克	中东欧	94.7305	9	优秀型
格鲁吉亚	西亚	94.6272	10	优秀型
克罗地亚	中东欧	94.2396	11	优秀型
保加利亚	中东欧	94.2240	12	优秀型
匈牙利	中东欧	94.2040	13	优秀型
波黑	中东欧	93.8593	14	优秀型
立陶宛	中东欧	93.8385	15	优秀型
捷克	中东欧	93.6679	16	优秀型
土耳其	西亚	93.5063	17	优秀型
马来西亚	东南亚	93.1818	18	优秀型
黑山	中东欧	93.0613	19	优秀型
尼泊尔	南亚	92.5697	20	优秀型
马其顿	中东欧	92.3448	21	优秀型
亚美尼亚	西亚	92.1288	22	优秀型
波兰	中东欧	92.0253	23	优秀型
乌克兰	中东欧	92.0204	24	优秀型
中国	东亚	91.9320	25	优秀型
土库曼斯坦	中亚	91.3225	26	优秀型
斯里兰卡	南亚	91.3174	27	优秀型
阿尔巴尼亚	中东欧	91.3159	28	优秀型
俄罗斯	中东欧	91.2174	29	优秀型
以色列	西亚	91.1511	30	优秀型
希腊	中东欧	91.1321	31	优秀型
白俄罗斯	中东欧	91.0651	32	优秀型
约旦	西亚	91.0494	33	优秀型
印度尼西亚	东南亚	90.1713	34	优秀型
摩尔多瓦	中东欧	89.8183	35	优秀型
乌兹别克斯坦	中亚	89.7828	36	优秀型
孟加拉国	南亚	89.5416	37	优秀型
南非	非洲	89.0324	38	良好型
塞浦路斯	西亚	89.0066	39	良好型

续表

国家	地区	指数	排名	分级类型
菲律宾	东南亚	88.9173	40	良好型
巴基斯坦	南亚	88.5476	41	良好型
老挝	东南亚	88.3918	42	良好型
柬埔寨	东南亚	88.3737	43	良好型
黎巴嫩	西亚	88.1580	44	良好型
东帝汶	东南亚	88.1022	45	良好型
吉尔吉斯斯坦	中亚	87.9966	46	良好型
摩洛哥	非洲	87.6448	47	良好型
哈萨克斯坦	中亚	86.7247	48	良好型
塞尔维亚	中东欧	86.6634	49	良好型
泰国	东南亚	86.4072	50	良好型
埃及	非洲	86.3534	51	良好型
缅甸	东南亚	86.0710	52	良好型
文莱	东南亚	85.3213	53	良好型
塔吉克斯坦	中亚	84.1368	54	良好型
沙特阿拉伯	西亚	84.0551	55	良好型
伊朗	西亚	83.3676	56	良好型
阿拉伯联合酋长国	西亚	83.3542	57	良好型
越南	东南亚	83.0085	58	良好型
蒙古国	东亚	82.2814	59	良好型
阿曼	西亚	81.1858	60	良好型
卡塔尔	西亚	80.9056	61	良好型
科威特	西亚	80.2999	62	良好型
伊拉克	西亚	79.5522	63	良好型
阿塞拜疆	西亚	79.4839	64	良好型
阿富汗	西亚	79.4768	65	良好型
也门	西亚	77.3007	66	协调型
印度	南亚	72.0128	67	协调型
马尔代夫	南亚	65.0233	68	协调型
新加坡	东南亚	54.4932	69	欠缺型
埃塞俄比亚	非洲	50.2279	70	欠缺型
巴林	西亚	40.1956	71	低水平

“一带一路”71国资源环境可持续发展评价分级类型的地理空间聚集特征见表4-13。

表4-13 “一带一路”71国资源环境可持续发展评价分级类型的地理空间聚集特征

国家	分级类型	地理空间聚集特征
不丹、爱沙尼亚、拉脱维亚、斯洛文尼亚、巴拿马、新西兰、罗马尼亚、韩国、斯洛伐克、格鲁吉亚、克罗地亚、保加利亚、匈牙利、波黑、立陶宛、捷克、土耳其、马来西亚、黑山、尼泊尔、马其顿、亚美尼亚、波兰、乌克兰、中国、土库曼斯坦、斯里兰卡、阿尔巴尼亚、俄罗斯、以色列、希腊、白俄罗斯、约旦、印度尼西亚、摩尔多瓦、乌兹别克斯坦、孟加拉国	优秀型（37个国家）	该类型国家空间聚集特征十分明显，具体表现为：①中东欧20国、东亚2国及南亚4国，在地理空间上呈大片聚集；②西亚3国与中亚2国在空间聚集特征上呈环状分布 其余6国零星分布于不同地区，无聚集特征
南非、塞浦路斯、菲律宾、巴基斯坦、老挝、柬埔寨、黎巴嫩、东帝汶、吉尔吉斯斯坦、摩洛哥、哈萨克斯坦、塞尔维亚、泰国、埃及、缅甸、文莱、塔吉克斯坦、沙特阿拉伯、伊朗、阿拉伯联合酋长国、越南、蒙古国、阿曼、卡塔尔、科威特、伊拉克、阿塞拜疆、阿富汗	良好型（28个国家）	该类型国家在空间聚集特征上存在两种情形：①西亚11国、东南亚8国、中亚3国及南亚的巴基斯坦三大块存在较明显的空间聚集特征；②塞尔维亚、蒙古国、南非、摩洛哥及埃及散落在不同地区，无聚集特征
也门、印度、马尔代夫	协调型（3个国家）	该类型3国分布在不同地区，无聚集特征
新加坡、埃塞俄比亚	欠缺型（2个国家）	2国分属不同地区，无聚集特征
巴林	低水平（1个国家）	西亚地区

第五章
“一带一路”国家经济社会发展竞争力子系统综合评价

本章对“一带一路”71 国经济社会竞争力的总体情况进行综合评价，包括劳动力竞争力、资本竞争力和技术创新竞争力 3 个一级指标的评价；经济社会发展竞争力评价指数反映了劳动力竞争力、资本竞争力和技术创新竞争力 3 个一级指标的综合水平。

第一节 “一带一路”国家经济社会发展竞争力子系统总体评价

本节对“一带一路”71 国经济社会发展竞争力子系统总体发展水平和下设的劳动力竞争力、资本竞争力及技术创新竞争力 3 个一级指标发展水平进行了评价与排序，并对评价水平进行了分类和地理空间聚集特征的一般描述。

一、“一带一路”71国经济社会发展竞争力子系统评价指标体系

“一带一路”71国经济社会发展竞争力子系统评价指标体系见表5-1。

表5-1 “一带一路”71国经济社会发展竞争力子系统评价指标体系

一级指标	二级指标	三级指标
劳动力竞争力	劳动力总体水平	劳动力总人口数
		劳动力人口比重
	劳动力质量水平	万人高等教育人口数
		教育支出占人均GDP比重
		公共教育投入占GDP比重

一级指标	二级指标	三级指标
资本竞争力	货币资本流动性竞争力水平	社会融资规模
		证券投资额
		股市交易额占GDP比重
		汇率变动率
	固定资本竞争力水平	对外投资占GDP比重
		固定资本形成总额
		固定资产投资价格指数
		外商投资额增长率

一级指标	二级指标	三级指标
技术创新竞争力	科技投入	R&D人员占总劳动人口的比重
		R&D经费支出占GDP比重
	科技产出	居民（非居民）万人发明专利授权数
		全要素生产率增长率

二、“一带一路”71 国经济社会发展竞争力子系统综合评价

“一带一路”71 国经济社会发展竞争力子系统综合评价排名见图 5-1。

国家	排名	指数	国家	排名	指数
阿拉伯联合酋长国	1	86.3893	斯洛伐克	37	64.6410
科威特	2	83.1464	阿尔巴尼亚	38	64.3338
以色列	3	81.7701	沙特阿拉伯	39	64.1954
韩国	4	81.1878	伊朗	40	64.0312
新加坡	5	81.0264	孟加拉国	41	62.0771
塞浦路斯	6	79.0296	捷克	42	59.7493
中国	7	78.8570	摩尔多瓦	43	59.5713
卡塔尔	8	74.2217	亚美尼亚	44	59.1841
尼泊尔	9	74.1118	乌克兰	45	58.4529
阿曼	10	73.4895	摩洛哥	46	58.2678
爱沙尼亚	11	73.4481	黎巴嫩	47	58.1505
东帝汶	12	72.9770	南非	48	57.5861
印度尼西亚	13	72.8015	波兰	49	57.1517
不丹	14	72.3322	埃及	50	57.1174
文莱	15	70.8414	蒙古国	51	56.4353
越南	16	70.8240	印度	52	56.2645
马来西亚	17	70.7955	马其顿	53	56.2477
马尔代夫	18	70.3622	约旦	54	55.8672
斯洛文尼亚	19	70.2828	塔吉克斯坦	55	55.7577
俄罗斯	20	70.2113	乌兹别克斯坦	56	55.7519
新西兰	21	70.1358	也门	57	55.1830
白俄罗斯	22	69.6880	克罗地亚	58	55.0667
巴拿马	23	69.3099	塞尔维亚	59	54.8976
巴林	24	68.8023	保加利亚	60	54.5038
埃塞俄比亚	25	68.7295	匈牙利	61	53.3796
吉尔吉斯斯坦	26	68.4669	波黑	62	52.7021
拉脱维亚	27	68.4088	黑山	63	51.0255
柬埔寨	28	68.1356	哈萨克斯坦	64	50.1006
立陶宛	29	67.8392	缅甸	65	48.7232
伊拉克	30	67.7173	罗马尼亚	66	46.9667
希腊	31	67.3673	格鲁吉亚	67	44.6707
老挝	32	67.2572	阿富汗	68	40.9310
土库曼斯坦	33	67.1072	斯里兰卡	69	35.1130
菲律宾	34	66.3294	土耳其	70	27.6559
泰国	35	65.8530	巴基斯坦	71	11.5084
阿塞拜疆	36	64.9885			

图 5-1 “一带一路”71 国经济社会发展竞争力综合评价排名

“一带一路”71 国经济社会发展竞争力子系统综合评价及其一级指标评价排名见表 5-2。

表 5-2 “一带一路”71 国经济社会发展竞争力子系统综合评价及其一级指标评价排名

国家	地区	经济社会发展竞争力		一级指标					
				劳动力竞争力		资本竞争力		技术创新竞争力	
		指数	排名	指数	排名	指数	排名	指数	排名
阿拉伯联合酋长国	西亚	86. 3893	1	88. 2391	1	86. 1418	8	19. 5843	19
科威特	西亚	83. 1464	2	75. 8602	4	92. 1424	1	2. 3971	70
以色列	西亚	81. 7701	3	69. 0812	8	84. 1042	21	44. 0490	2
韩国	东亚	81. 1878	4	64. 2926	12	76. 3363	39	85. 0102	1
新加坡	东南亚	81. 0264	5	56. 1139	24	91. 9692	2	37. 0498	4
塞浦路斯	西亚	79. 0296	6	71. 4637	7	86. 7751	6	8. 4962	46
中国	东亚	78. 8570	7	58. 6762	21	87. 8397	4	33. 9396	7
卡塔尔	西亚	74. 2217	8	55. 9135	25	85. 6240	10	19. 1226	20
尼泊尔	南亚	74. 1118	9	67. 8797	9	73. 3555	44	41. 6661	3
阿曼	西亚	73. 4895	10	61. 8970	17	84. 8604	16	2. 9121	69
爱沙尼亚	中东欧	73. 4481	11	62. 0408	16	79. 0699	29	27. 0294	10
东帝汶	东南亚	72. 9770	12	57. 7559	22	85. 7230	9	5. 8838	54
印度尼西亚	东南亚	72. 8015	13	58. 8498	20	85. 1725	14	4. 3979	64
不丹	南亚	72. 3322	14	75. 4095	5	74. 8123	42	5. 1925	59
文莱	东南亚	70. 8414	15	48. 0499	36	83. 3268	22	25. 4759	11
越南	东南亚	70. 8240	16	63. 6695	13	78. 5836	32	7. 5824	51
马来西亚	东南亚	70. 7955	17	59. 1097	19	78. 0981	35	20. 5728	18
马尔代夫	南亚	70. 3622	18	52. 9703	28	84. 6524	20	4. 6200	62
斯洛文尼亚	中东欧	70. 2828	19	52. 6684	29	77. 8235	36	34. 0050	6
俄罗斯	中东欧	70. 2113	20	62. 1668	14	75. 1947	41	21. 6248	15
新西兰	大洋洲	70. 1358	21	79. 3229	3	66. 8384	48	15. 0388	26
白俄罗斯	中东欧	69. 6880	22	65. 5256	10	74. 8122	43	11. 5763	35
巴拿马	中美洲	69. 3099	23	44. 7019	45	85. 6217	11	13. 5771	28
巴林	西亚	68. 8023	24	43. 8421	46	86. 3401	7	9. 2055	40
埃塞俄比亚	非洲	68. 7295	25	83. 7331	2	64. 0098	58	6. 9746	53
吉尔吉斯斯坦	中亚	68. 4669	26	57. 2555	23	79. 6400	27	2. 9201	68
拉脱维亚	中东欧	68. 4088	27	55. 5535	26	78. 3744	33	12. 0851	33

续表

国家	地区	经济社会发展竞争力		一级指标					
				劳动力竞争力		资本竞争力		技术创新竞争力	
		指数	排名	指数	排名	指数	排名	指数	排名
柬埔寨	东南亚	68.1356	28	46.6488	40	84.7528	19	4.6911	61
立陶宛	中东欧	67.8392	29	50.6942	32	78.6062	31	19.1195	21
伊拉克	西亚	67.7173	30	42.5546	47	87.0427	5	2.0793	71
希腊	中东欧	67.3673	31	45.6587	43	80.2019	25	21.4087	16
老挝	东南亚	67.2572	32	61.2255	18	73.3203	45	12.1614	32
土库曼斯坦	中亚	67.1072	33	42.3718	48	85.5102	12	4.9914	60
菲律宾	东南亚	66.3294	34	47.4305	39	79.4915	28	13.1842	31
泰国	东南亚	65.8530	35	50.9552	31	76.6553	38	13.5307	30
阿塞拜疆	西亚	64.9885	36	34.9616	56	85.4448	13	9.1444	41
斯洛伐克	中东欧	64.6410	37	40.0458	51	78.2277	34	25.2753	12
阿尔巴尼亚	中东欧	64.3338	38	45.9874	42	78.9769	30	5.5462	56
沙特阿拉伯	西亚	64.1954	39	28.0842	62	88.0962	3	9.2598	39
伊朗	西亚	64.0312	40	45.0567	44	76.9211	37	14.5733	27
孟加拉国	南亚	62.0771	41	24.3230	65	80.6387	24	36.1151	5
捷克	中东欧	59.7493	42	47.5848	38	65.5209	51	28.4804	9
摩尔多瓦	中东欧	59.5713	43	50.3696	33	68.5646	47	7.5002	52
亚美尼亚	西亚	59.1841	44	25.1993	64	82.8425	23	5.2065	58
乌克兰	中东欧	58.4529	45	50.1774	34	66.7316	49	8.3180	48
摩洛哥	非洲	58.2678	46	31.5693	60	75.8275	40	13.5363	29
黎巴嫩	西亚	58.1505	47	16.0482	69	84.8511	17	11.9980	34
南非	非洲	57.5861	48	62.1458	15	58.3687	62	9.1023	43
波兰	中东欧	57.1517	49	47.8299	37	63.1165	59	20.7780	17
埃及	非洲	57.1174	50	49.3714	35	65.0850	56	8.3819	47
蒙古国	东亚	56.4353	51	64.5758	11	56.3051	64	4.3019	65
印度	南亚	56.2645	52	20.6540	66	79.9409	26	9.1419	42
马其顿	中东欧	56.2477	53	46.4332	41	65.3120	53	8.7494	44
约旦	西亚	55.8672	54	11.2588	70	84.9585	15	7.9274	49
塔吉克斯坦	中亚	55.7577	55	40.0448	52	69.3602	46	3.7331	67
乌兹别克斯坦	中亚	55.7519	56	73.3763	6	50.2510	67	4.1635	66
也门	西亚	55.1830	57	8.8347	71	84.8335	18	9.7884	38

续表

国家	地区	经济社会发展竞争力		一级指标					
				劳动力竞争力		资本竞争力		技术创新竞争力	
		指数	排名	指数	排名	指数	排名	指数	排名
克罗地亚	中东欧	55.0667	58	41.6031	50	64.5546	57	15.8493	24
塞尔维亚	中东欧	54.8976	59	36.1010	55	66.7219	50	18.8581	22
保加利亚	中东欧	54.5038	60	38.4480	53	65.5127	52	15.6739	25
匈牙利	中东欧	53.3796	61	42.2744	49	59.6029	61	24.0857	14
波黑	中东欧	52.7021	62	37.2948	54	65.1959	55	7.7813	50
黑山	中东欧	51.0255	63	33.6906	58	65.2245	54	5.2202	57
哈萨克斯坦	中亚	50.1006	64	54.1146	27	52.3167	66	4.4411	63
缅甸	东南亚	48.7232	65	26.2597	63	62.8860	60	17.9087	23
罗马尼亚	中东欧	46.9667	66	34.2807	57	57.2801	63	10.5743	37
格鲁吉亚	西亚	44.6707	67	52.3052	30	43.8618	69	8.6474	45
阿富汗	西亚	40.9310	68	20.1462	68	55.8555	65	10.7060	36
斯里兰卡	南亚	35.1130	69	20.2570	67	47.8548	68	5.6970	55
土耳其	西亚	27.6559	70	33.6159	59	24.1651	70	24.4937	13
巴基斯坦	南亚	11.5084	71	28.5154	61	0.2329	71	31.1429	8

“一带一路”71国经济社会发展竞争力子系统综合评价及其一级指标评价分级类型见表5-3。

表5-3 “一带一路”71国经济社会发展竞争力子系统综合评价及其一级指标评价分级类型

国家	地区	经济社会发展竞争力		一级指标					
				劳动力竞争力		资本竞争力		技术创新竞争力	
		指数	分级类型	指数	分级类型	指数	分级类型	指数	分级类型
阿拉伯联合酋长国	西亚	86.3893	卓越型	88.2391	强型	86.1418	强型	19.5843	抑制型
科威特	西亚	83.1464	卓越型	75.8602	强型	92.1424	强型	2.3971	匮乏型
以色列	西亚	81.7701	卓越型	69.0812	较强型	84.1042	强型	44.0490	优良型
韩国	东亚	81.1878	卓越型	64.2926	较强型	76.3363	较强型	85.0102	活跃型
新加坡	东南亚	81.0264	卓越型	56.1139	较强型	91.9692	强型	37.0498	一般型
塞浦路斯	西亚	79.0296	卓越型	71.4637	强型	86.7751	强型	8.4962	匮乏型
中国	东亚	78.8570	卓越型	58.6762	较强型	87.8397	强型	33.9396	一般型

续表

国家	地区	经济社会发展竞争力		一级指标					
				劳动力竞争力		资本竞争力		技术创新竞争力	
		指数	分级类型	指数	分级类型	指数	分级类型	指数	分级类型
卡塔尔	西亚	74.2217	优良型	55.9135	较强型	85.6240	强型	19.1226	抑制型
尼泊尔	南亚	74.1118	优良型	67.8797	较强型	73.3555	较强型	41.6661	优良型
阿曼	西亚	73.4895	优良型	61.8970	较强型	84.8604	强型	2.9121	匮乏型
爱沙尼亚	中东欧	73.4481	优良型	62.0408	较强型	79.0699	较强型	27.0294	一般型
东帝汶	东南亚	72.9770	优良型	57.7559	较强型	85.7230	强型	5.8838	匮乏型
印度尼西亚	东南亚	72.8015	优良型	58.8498	较强型	85.1725	强型	4.3979	匮乏型
不丹	南亚	72.3322	优良型	75.4095	强型	74.8123	较强型	5.1925	匮乏型
文莱	东南亚	70.8414	优良型	48.0499	一般型	83.3268	强型	25.4759	抑制型
越南	东南亚	70.8240	优良型	63.6695	较强型	78.5836	较强型	7.5824	匮乏型
马来西亚	东南亚	70.7955	优良型	59.1097	较强型	78.0981	较强型	20.5728	抑制型
马尔代夫	南亚	70.3622	优良型	52.9703	一般型	84.6524	强型	4.6200	匮乏型
斯洛文尼亚	中东欧	70.2828	优良型	52.6684	一般型	77.8235	较强型	34.0050	一般型
俄罗斯	中东欧	70.2113	优良型	62.1668	较强型	75.1947	较强型	21.6248	抑制型
新西兰	大洋洲	70.1358	优良型	79.3229	强型	66.8384	一般型	15.0388	抑制型
白俄罗斯	中东欧	69.6880	优良型	65.5256	较强型	74.8122	较强型	11.5763	匮乏型
巴拿马	中美洲	69.3099	优良型	44.7019	一般型	85.6217	强型	13.5771	匮乏型
巴林	西亚	68.8023	优良型	43.8421	一般型	86.3401	强型	9.2055	匮乏型
埃塞俄比亚	非洲	68.7295	优良型	83.7331	强型	64.0098	一般型	6.9746	匮乏型
吉尔吉斯斯坦	中亚	68.4669	优良型	57.2555	较强型	79.6400	较强型	2.9201	匮乏型
拉脱维亚	中东欧	68.4088	优良型	55.5535	较强型	78.3744	较强型	12.0851	匮乏型
柬埔寨	东南亚	68.1356	优良型	46.6488	一般型	84.7528	强型	4.6911	匮乏型
立陶宛	中东欧	67.8392	优良型	50.6942	一般型	78.6062	较强型	19.1195	抑制型
伊拉克	西亚	67.7173	优良型	42.5546	一般型	87.0427	强型	2.0793	匮乏型
希腊	中东欧	67.3673	优良型	45.6587	一般型	80.2019	较强型	21.4087	抑制型
老挝	东南亚	67.2572	优良型	61.2255	较强型	73.3203	较强型	12.1614	匮乏型
土库曼斯坦	中亚	67.1072	优良型	42.3718	一般型	85.5102	强型	4.9914	匮乏型
菲律宾	东南亚	66.3294	优良型	47.4305	一般型	79.4915	较强型	13.1842	匮乏型
泰国	东南亚	65.8530	优良型	50.9552	一般型	76.6553	较强型	13.5307	匮乏型
阿塞拜疆	西亚	64.9885	优良型	34.9616	较弱型	85.4448	强型	9.1444	匮乏型

续表

国家	地区	经济社会发展竞争力		一级指标					
				劳动力竞争力		资本竞争力		技术创新竞争力	
		指数	分级类型	指数	分级类型	指数	分级类型	指数	分级类型
斯洛伐克	中东欧	64.6410	优良型	40.0458	一般型	78.2277	较强型	25.2753	抑制型
阿尔巴尼亚	中东欧	64.3338	优良型	45.9874	一般型	78.9769	较强型	5.5462	匮乏型
沙特阿拉伯	西亚	64.1954	优良型	28.0842	较弱型	88.0962	强型	9.2598	匮乏型
伊朗	西亚	64.0312	优良型	45.0567	一般型	76.9211	较强型	14.5733	抑制型
孟加拉国	南亚	62.0771	一般型	24.3230	较弱型	80.6387	较强型	36.1151	一般型
捷克	中东欧	59.7493	一般型	47.5848	一般型	65.5209	一般型	28.4804	一般型
摩尔多瓦	中东欧	59.5713	一般型	50.3696	一般型	68.5646	一般型	7.5002	匮乏型
亚美尼亚	西亚	59.1841	一般型	25.1993	较弱型	82.8425	强型	5.2065	匮乏型
乌克兰	中东欧	58.4529	一般型	50.1774	一般型	66.7316	一般型	8.3180	匮乏型
摩洛哥	非洲	58.2678	一般型	31.5693	较弱型	75.8275	较强型	13.5363	匮乏型
黎巴嫩	西亚	58.1505	一般型	16.0482	弱型	84.8511	强型	11.9980	匮乏型
南非	非洲	57.5861	一般型	62.1458	较强型	58.3687	一般型	9.1023	匮乏型
波兰	中东欧	57.1517	一般型	47.8299	一般型	63.1165	一般型	20.7780	抑制型
埃及	非洲	57.1174	一般型	49.3714	一般型	65.0850	一般型	8.3819	匮乏型
蒙古国	东亚	56.4353	一般型	64.5758	较强型	56.3051	一般型	4.3019	匮乏型
印度	南亚	56.2645	一般型	20.6540	弱型	79.9409	较强型	9.1419	匮乏型
马其顿	中东欧	56.2477	一般型	46.4332	一般型	65.3120	一般型	8.7494	匮乏型
约旦	西亚	55.8672	一般型	11.2588	弱型	84.9585	强型	7.9274	匮乏型
塔吉克斯坦	中亚	55.7577	一般型	40.0448	一般型	69.3602	较强型	3.7331	匮乏型
乌兹别克斯坦	中亚	55.7519	一般型	73.3763	强型	50.2510	一般型	4.1635	匮乏型
也门	西亚	55.1830	一般型	8.8347	弱型	84.8335	强型	9.7884	匮乏型
克罗地亚	中东欧	55.0667	一般型	41.6031	一般型	64.5546	一般型	15.8493	抑制型
塞尔维亚	中东欧	54.8976	一般型	36.1010	较弱型	66.7219	一般型	18.8581	抑制型
保加利亚	中东欧	54.5038	一般型	38.4480	较弱型	65.5127	一般型	15.6739	抑制型
匈牙利	中东欧	53.3796	一般型	42.2744	一般型	59.6029	一般型	24.0857	抑制型
波黑	中东欧	52.7021	一般型	37.2948	较弱型	65.1959	一般型	7.7813	匮乏型
黑山	中东欧	51.0255	一般型	33.6906	较弱型	65.2245	一般型	5.2202	匮乏型
哈萨克斯坦	中亚	50.1006	一般型	54.1146	较强型	52.3167	一般型	4.4411	匮乏型
缅甸	东南亚	48.7232	一般型	26.2597	较弱型	62.8860	一般型	17.9087	抑制型

续表

国家	地区	经济社会发展竞争力		一级指标					
				劳动力竞争力		资本竞争力		技术创新竞争力	
		指数	分级类型	指数	分级类型	指数	分级类型	指数	分级类型
罗马尼亚	中东欧	46.9667	一般型	34.2807	较弱型	57.2801	一般型	10.5743	匮乏型
格鲁吉亚	西亚	44.6707	欠缺型	52.3052	一般型	43.8618	一般型	8.6474	匮乏型
阿富汗	西亚	40.9310	欠缺型	20.1462	弱型	55.8555	一般型	10.7060	匮乏型
斯里兰卡	南亚	35.1130	欠缺型	20.2570	弱型	47.8548	一般型	5.6970	匮乏型
土耳其	西亚	27.6559	欠缺型	33.6159	较弱型	24.1651	较弱型	24.4937	抑制型
巴基斯坦	南亚	11.5084	抑制型	28.5154	较弱型	0.2329	弱型	31.1429	一般型

"一带一路"71国经济社会发展竞争力综合评价分级类型的地理空间聚集特征见表5-4。

表5-4 "一带一路"71国经济社会发展竞争力综合评价分级类型的地理空间聚集特征

国家	分级类型	地理空间聚集特征
阿拉伯联合酋长国、科威特、以色列、韩国、新加坡、塞浦路斯、中国	卓越型（7个国家）	该类型7国分布在不同地区，地理空间聚集特征不明显
卡塔尔、尼泊尔、阿曼、爱沙尼亚、东帝汶、印度尼西亚、不丹、文莱、越南、马来西亚、马尔代夫、斯洛文尼亚、俄罗斯、新西兰、白俄罗斯、巴拿马、巴林、埃塞俄比亚、吉尔吉斯斯坦、拉脱维亚、柬埔寨、立陶宛、伊拉克、希腊、老挝、土库曼斯坦、菲律宾、泰国、阿塞拜疆、斯洛伐克、阿尔巴尼亚、沙特阿拉伯、伊朗	优良型（33个国家）	该类型国家地理空间聚集特征十分明显，表现为：①中东欧东北部地区8个国家；②东南亚9个国家；③阿拉伯半岛上的6国属此类型。此外，南亚3国也呈小块状聚集；阿塞拜疆与土库曼斯坦隔里海相望 新西兰、巴拿马、埃塞俄比亚、吉尔吉斯斯坦及阿尔巴尼亚5国散落在不同地区，无地理空间聚集特征
孟加拉国、捷克、摩尔多瓦、亚美尼亚、乌克兰、摩洛哥、黎巴嫩、南非、波兰、埃及、蒙古国、印度、马其顿、约旦、塔吉克斯坦、乌兹别克斯坦、也门、克罗地亚、塞尔维亚、保加利亚、匈牙利、波黑、黑山、哈萨克斯坦、缅甸、罗马尼亚	一般型（26个国家）	该类型国家地理空间聚集特征较明显：中东欧中部地区12国、中亚3国、南亚3国及缅甸分别呈现出片状聚集特征；此外，西亚的亚美尼亚、黎巴嫩、约旦、也门4国及非洲3国和东亚蒙古国呈点状分布，聚集特征不明显
格鲁吉亚、阿富汗、斯里兰卡、土耳其	欠缺型（4个国家）	格鲁吉亚与土耳其呈片状连接，其余2国分属不同地区，无聚集特征
巴基斯坦	抑制型（1个国家）	南亚地区

第二节 "一带一路"国家经济社会发展竞争力子系统一级指标评价

本节对"一带一路"71国经济社会发展竞争力子系统下的劳动力竞争力、资本竞争力、技术创新竞争力3个一级指标进行了综合评价。同时，对劳动力竞争力一级指标下的劳动力总体水平、劳动力质量水平2个二级指标，资本竞争力一级指标下的货币资本流动性竞争力水平、固定资本竞争力2个二级指标，技术创新竞争力一级指标下的科技投入、科技产出2个二级指标分别进行了评价和排序。在此基础上，分别梳理出劳动力竞争力、资本竞争力、技术创新竞争力3个一级指标综合评价分级类型的地理空间聚集特征。

一、"一带一路"71国劳动力竞争力评价

"一带一路"71国劳动力竞争力评价见图5-2。

国家	排名	指数	国家	排名	指数
阿拉伯联合酋长国	1	88.2391	阿曼	17	61.8970
埃塞俄比亚	2	83.7331	老挝	18	61.2255
新西兰	3	79.3229	马来西亚	19	59.1097
科威特	4	75.8602	印度尼西亚	20	58.8498
不丹	5	75.4095	中国	21	58.6762
乌兹别克斯坦	6	73.3763	东帝汶	22	57.7559
塞浦路斯	7	71.4637	吉尔吉斯斯坦	23	57.2555
以色列	8	69.0812	新加坡	24	56.1139
尼泊尔	9	67.8797	卡塔尔	25	55.9135
白俄罗斯	10	65.5256	拉脱维亚	26	55.5535
蒙古国	11	64.5758	哈萨克斯坦	27	54.1146
韩国	12	64.2926	马尔代夫	28	52.9703
越南	13	63.6695	斯洛文尼亚	29	52.6684
俄罗斯	14	62.1668	格鲁吉亚	30	52.3052
南非	15	62.1458	泰国	31	50.9552
爱沙尼亚	16	62.0408	立陶宛	32	50.6942

图5-2 "一带一路"71国劳动力竞争力评价排名

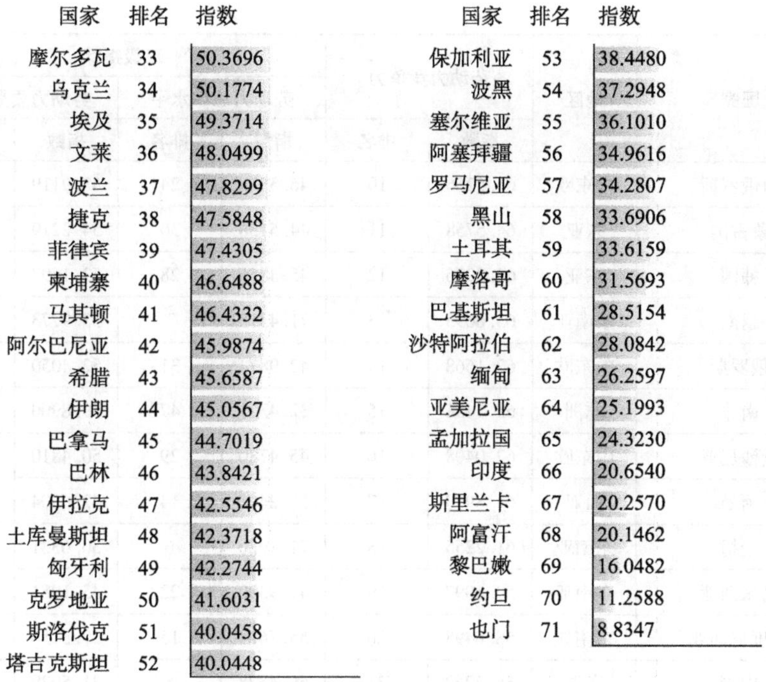
国家 排名 指数
摩尔多瓦 33 50.3696
乌克兰 34 50.1774
埃及 35 49.3714
文莱 36 48.0499
波兰 37 47.8299
捷克 38 47.5848
菲律宾 39 47.4305
柬埔寨 40 46.6488
马其顿 41 46.4332
阿尔巴尼亚 42 45.9874
希腊 43 45.6587
伊朗 44 45.0567
巴拿马 45 44.7019
巴林 46 43.8421
伊拉克 47 42.5546
土库曼斯坦 48 42.3718
匈牙利 49 42.2744
克罗地亚 50 41.6031
斯洛伐克 51 40.0458
塔吉克斯坦 52 40.0448
国家 排名 指数
保加利亚 53 38.4480
波黑 54 37.2948
塞尔维亚 55 36.1010
阿塞拜疆 56 34.9616
罗马尼亚 57 34.2807
黑山 58 33.6906
土耳其 59 33.6159
摩洛哥 60 31.5693
巴基斯坦 61 28.5154
沙特阿拉伯 62 28.0842
缅甸 63 26.2597
亚美尼亚 64 25.1993
孟加拉国 65 24.3230
印度 66 20.6540
斯里兰卡 67 20.2570
阿富汗 68 20.1462
黎巴嫩 69 16.0482
约旦 70 11.2588
也门 71 8.8347

图 5-2 “一带一路”71 国劳动力竞争力评价排名（续）

“一带一路”71 国劳动力竞争力及其二级指标评价排名见表 5-5。

表 5-5 “一带一路”71 国劳动力竞争力及其二级指标评价排名

国家	地区	劳动力竞争力		二级指标			
				劳动力总体水平		劳动力质量水平	
		指数	排名	指数	排名	指数	排名
阿拉伯联合酋长国	西亚	88. 2391	1	79. 0321	4	58. 1759	9
埃塞俄比亚	非洲	83. 7331	2	74. 8321	5	55. 7345	10
新西兰	大洋洲	79. 3229	3	56. 5309	13	63. 4419	3
科威特	西亚	75. 8602	4	63. 7513	9	54. 1318	13
不丹	南亚	75. 4095	5	52. 2655	19	61. 7611	4
乌兹别克斯坦	中亚	73. 3763	6	42. 5213	33	66. 2441	1
塞浦路斯	西亚	71. 4637	7	45. 9828	25	61. 4766	5
以色列	西亚	69. 0812	8	45. 9122	26	58. 6559	8
尼泊尔	南亚	67. 8797	9	79. 9638	2	32. 9798	44

续表

国家	地区	劳动力竞争力		二级指标			
				劳动力总体水平		劳动力质量水平	
		指数	排名	指数	排名	指数	排名
白俄罗斯	中东欧	65.5256	10	46.5578	24	53.9119	14
蒙古国	东亚	64.5758	11	44.5136	30	54.2219	12
韩国	东亚	64.2926	12	45.4856	28	53.1892	17
越南	东南亚	63.6695	13	71.4315	7	33.9773	43
俄罗斯	中东欧	62.1668	14	42.9874	31	52.4050	18
南非	非洲	62.1458	15	32.4321	47	59.8900	6
爱沙尼亚	中东欧	62.0408	16	45.4780	29	50.4810	20
阿曼	西亚	61.8970	17	56.2401	14	42.6504	26
老挝	东南亚	61.2255	18	71.9926	6	30.6331	50
马来西亚	东南亚	59.1097	19	47.9390	22	45.1981	24
印度尼西亚	东南亚	58.8498	20	55.7663	15	39.3156	32
中国	东亚	58.6762	21	66.4528	8	31.5029	47
东帝汶	东南亚	57.7559	22	52.3584	18	40.4222	31
吉尔吉斯斯坦	中亚	57.2555	23	37.1252	41	50.6579	19
新加坡	东南亚	56.1139	24	58.1865	11	34.2968	40
卡塔尔	西亚	55.9135	25	87.6107	1	13.1196	68
拉脱维亚	中东欧	55.5535	26	41.7249	34	45.3342	23
哈萨克斯坦	中亚	54.1146	27	55.2031	16	34.0103	41
马尔代夫	南亚	52.9703	28	57.2502	12	31.1750	48
斯洛文尼亚	中东欧	52.6684	29	35.5292	42	46.2660	22
格鲁吉亚	西亚	52.3052	30	45.6956	27	38.5948	34
泰国	东南亚	50.9552	31	51.9325	20	32.5303	45
立陶宛	中东欧	50.6942	32	42.7623	32	38.7406	33
摩尔多瓦	中东欧	50.3696	33	5.7561	68	64.6800	2
乌克兰	中东欧	50.1774	34	28.9141	53	47.9710	21
埃及	非洲	49.3714	35	12.2108	66	58.8844	7
文莱	东南亚	48.0499	36	47.6743	23	32.0593	46

续表

国家	地区	劳动力竞争力		二级指标			
				劳动力总体水平		劳动力质量水平	
		指数	排名	指数	排名	指数	排名
波兰	中东欧	47.8299	37	33.8160	44	41.6545	28
捷克	中东欧	47.5848	38	40.1335	36	36.8642	36
菲律宾	东南亚	47.4305	39	39.9132	37	36.8350	37
柬埔寨	东南亚	46.6488	40	79.1076	3	8.0056	71
马其顿	中东欧	46.4332	41	30.9938	50	41.9795	27
阿尔巴尼亚	中东欧	45.9874	42	39.7447	38	35.2160	38
希腊	中东欧	45.6587	43	25.2018	59	45.1674	25
伊朗	西亚	45.0567	44	12.7822	65	53.2786	15
巴拿马	中美洲	44.7019	45	52.3649	17	24.6875	56
巴林	西亚	43.8421	46	63.7103	10	15.5789	64
伊拉克	西亚	42.5546	47	8.5447	67	53.2786	16
土库曼斯坦	中亚	42.3718	48	35.3158	43	34.0103	42
匈牙利	中东欧	42.2744	49	33.4746	45	35.2030	39
克罗地亚	中东欧	41.6031	50	23.7807	60	41.2914	29
斯洛伐克	中东欧	40.0458	51	38.5914	40	28.8768	53
塔吉克斯坦	中亚	40.0448	52	2.4723	69	54.5750	11
保加利亚	中东欧	38.4480	53	33.3263	46	30.6976	49
波黑	中东欧	37.2948	54	16.4933	63	41.2851	30
塞尔维亚	中东欧	36.1010	55	30.5963	51	29.8120	51
阿塞拜疆	西亚	34.9616	56	50.9673	21	13.9447	66
罗马尼亚	中东欧	34.2807	57	30.4891	52	27.6948	54
黑山	中东欧	33.6906	58	31.0553	49	26.5809	55
土耳其	西亚	33.6159	59	26.5747	56	29.6789	52
摩洛哥	非洲	31.5693	60	12.9060	64	36.9382	35
巴基斯坦	南亚	28.5154	61	26.7834	55	23.3842	57
沙特阿拉伯	西亚	28.0842	62	31.9291	48	19.2033	60

续表

国家	地区	劳动力竞争力		二级指标			
				劳动力总体水平		劳动力质量水平	
		指数	排名	指数	排名	指数	排名
缅甸	东南亚	26.2597	63	40.2680	35	11.0716	69
亚美尼亚	西亚	25.1993	64	26.3915	57	19.6671	59
孟加拉国	南亚	24.3230	65	38.6660	39	9.8776	70
印度	南亚	20.6540	66	27.7260	54	13.2405	67
斯里兰卡	南亚	20.2570	67	25.7330	58	14.1801	65
阿富汗	西亚	20.1462	68	19.2611	61	18.6515	61
黎巴嫩	西亚	16.0482	69	16.6008	62	15.6062	63
约旦	西亚	11.2588	70	2.1161	70	20.1410	58
也门	西亚	8.8347	71	0.1042	71	18.6515	62

“一带一路”71国劳动力竞争力排名及分级类型见表5-6。

表5-6 “一带一路”71国劳动力竞争力排名及分级类型

国家	地区	指数	排名	分级类型
阿拉伯联合酋长国	西亚	88.2391	1	强型
埃塞俄比亚	非洲	83.7331	2	强型
新西兰	大洋洲	79.3229	3	强型
科威特	西亚	75.8602	4	强型
不丹	南亚	75.4095	5	强型
乌兹别克斯坦	中亚	73.3763	6	强型
塞浦路斯	西亚	71.4637	7	强型
以色列	西亚	69.0812	8	较强型
尼泊尔	南亚	67.8797	9	较强型
白俄罗斯	中东欧	65.5256	10	较强型
蒙古国	东亚	64.5758	11	较强型
韩国	东亚	64.2926	12	较强型
越南	东南亚	63.6695	13	较强型

续表

国家	地区	指数	排名	分级类型
俄罗斯	中东欧	62.1668	14	较强型
南非	非洲	62.1458	15	较强型
爱沙尼亚	中东欧	62.0408	16	较强型
阿曼	西亚	61.8970	17	较强型
老挝	东南亚	61.2255	18	较强型
马来西亚	东南亚	59.1097	19	较强型
印度尼西亚	东南亚	58.8498	20	较强型
中国	东亚	58.6762	21	较强型
东帝汶	东南亚	57.7559	22	较强型
吉尔吉斯斯坦	中亚	57.2555	23	较强型
新加坡	东南亚	56.1139	24	较强型
卡塔尔	西亚	55.9135	25	较强型
拉脱维亚	中东欧	55.5535	26	较强型
哈萨克斯坦	中亚	54.1146	27	较强型
马尔代夫	南亚	52.9703	28	一般型
斯洛文尼亚	中东欧	52.6684	29	一般型
格鲁吉亚	西亚	52.3052	30	一般型
泰国	东南亚	50.9552	31	一般型
立陶宛	中东欧	50.6942	32	一般型
摩尔多瓦	中东欧	50.3696	33	一般型
乌克兰	中东欧	50.1774	34	一般型
埃及	非洲	49.3714	35	一般型
文莱	东南亚	48.0499	36	一般型
波兰	中东欧	47.8299	37	一般型
捷克	中东欧	47.5848	38	一般型
菲律宾	东南亚	47.4305	39	一般型
柬埔寨	东南亚	46.6488	40	一般型

续表

国家	地区	指数	排名	分级类型
马其顿	中东欧	46.4332	41	一般型
阿尔巴尼亚	中东欧	45.9874	42	一般型
希腊	中东欧	45.6587	43	一般型
伊朗	西亚	45.0567	44	一般型
巴拿马	中美洲	44.7019	45	一般型
巴林	西亚	43.8421	46	一般型
伊拉克	西亚	42.5546	47	一般型
土库曼斯坦	中亚	42.3718	48	一般型
匈牙利	中东欧	42.2744	49	一般型
克罗地亚	中东欧	41.6031	50	一般型
斯洛伐克	中东欧	40.0458	51	一般型
塔吉克斯坦	中亚	40.0448	52	一般型
保加利亚	中东欧	38.4480	53	较弱型
波黑	中东欧	37.2948	54	较弱型
塞尔维亚	中东欧	36.1010	55	较弱型
阿塞拜疆	西亚	34.9616	56	较弱型
罗马尼亚	中东欧	34.2807	57	较弱型
黑山	中东欧	33.6906	58	较弱型
土耳其	西亚	33.6159	59	较弱型
摩洛哥	非洲	31.5693	60	较弱型
巴基斯坦	南亚	28.5154	61	较弱型
沙特阿拉伯	西亚	28.0842	62	较弱型
缅甸	东南亚	26.2597	63	较弱型
亚美尼亚	西亚	25.1993	64	较弱型
孟加拉国	南亚	24.3230	65	较弱型
印度	南亚	20.6540	66	弱型
斯里兰卡	南亚	20.2570	67	弱型

续表

国家	地区	指数	排名	分级类型
阿富汗	西亚	20. 1462	68	弱型
黎巴嫩	西亚	16. 0482	69	弱型
约旦	西亚	11. 2588	70	弱型
也门	西亚	8. 8347	71	弱型

“一带一路”71 国劳动力竞争力评价分级类型的地理空间聚集特征见表 5-7。

表 5-7　“一带一路”71 国劳动力竞争力评价分级类型的地理空间聚集特征

国家	分级类型	地理空间聚集特征
阿拉伯联合酋长国、埃塞俄比亚、新西兰、科威特、不丹、乌兹别克斯坦、塞浦路斯	强型（7 个国家）	该类型 7 国分布于西亚、中亚、大洋洲及非洲地区，在地理空间上无聚集特征
以色列、尼泊尔、白俄罗斯、蒙古国、韩国、越南、俄罗斯、南非、爱沙尼亚、阿曼、老挝、马来西亚、印度尼西亚、中国、东帝汶、吉尔吉斯斯坦、新加坡、卡塔尔、拉脱维亚、哈萨克斯坦	较强型（20 个国家）	该类型国家在地理空间上存在明显的聚集特征，表现为中东欧东北部地区 4 国与中亚 2 国、东亚 3 国、南亚 1 国、东南亚 6 国等自西向东横跨欧亚大陆，呈大片连接状态 另外，以色列、南非、卡塔尔、阿曼 4 国分布在不同地区，无聚集特征
马尔代夫、斯洛文尼亚、格鲁吉亚、泰国、立陶宛、摩尔多瓦、乌克兰、埃及、文莱、波兰、捷克、菲律宾、柬埔寨、马其顿、阿尔巴尼亚、希腊、伊朗、巴拿马、巴林、伊拉克、土库曼斯坦、匈牙利、克罗地亚、斯洛伐克、塔吉克斯坦	一般型（25 个国家）	该类型国家空间聚集特征较显著：①中东欧中北部 9 国、南部 3 国连成一片；②西亚 3 国与中亚 2 国呈带状连接；③东南亚 4 国呈线状连接 另外，格鲁吉亚、巴拿马、马尔代夫、埃及 4 国分属不同地区，无聚集特征
保加利亚、波黑、塞尔维亚、阿塞拜疆、罗马尼亚、黑山、土耳其、摩洛哥、巴基斯坦、沙特阿拉伯、缅甸、亚美尼亚、孟加拉国	较弱型（13 个国家）	该类型国家的地理空间聚集特征较显著：①中东欧中南部 5 国连成一片；②西亚西北部 3 国连成一片 摩洛哥、巴基斯坦、沙特阿拉伯、孟加拉国及缅甸 5 国分属不同地区，无聚集特征
印度、斯里兰卡、阿富汗、黎巴嫩、约旦、也门	弱型（6 个国家）	该类型 6 国呈点状分布于西亚及南亚地区，无明显聚集特征

二、“一带一路”71 国资本竞争力评价

“一带一路”71 国资本竞争力评价排名见图 5-3。

国家	排名	指数
科威特	1	92.1424
新加坡	2	91.9692
沙特阿拉伯	3	88.0962
中国	4	87.8397
伊拉克	5	87.0427
塞浦路斯	6	86.7751
巴林	7	86.3401
阿拉伯联合酋长国	8	86.1418
东帝汶	9	85.7230
卡塔尔	10	85.6240
巴拿马	11	85.6217
土库曼斯坦	12	85.5102
阿塞拜疆	13	85.4448
印度尼西亚	14	85.1725
约旦	15	84.9585
阿曼	16	84.8604
黎巴嫩	17	84.8511
也门	18	84.8335
柬埔寨	19	84.7528
马尔代夫	20	84.6524
以色列	21	84.1042
文莱	22	83.3268
亚美尼亚	23	82.8425
孟加拉国	24	80.6387
希腊	25	80.2019
印度	26	79.9409
吉尔吉斯斯坦	27	79.6400
菲律宾	28	79.4915
爱沙尼亚	29	79.0699
阿尔巴尼亚	30	78.9769
立陶宛	31	78.6062
越南	32	78.5836
拉脱维亚	33	78.3744
斯洛伐克	34	78.2277
马来西亚	35	78.0981
斯洛文尼亚	36	77.8235
伊朗	37	76.9211
泰国	38	76.6553
韩国	39	76.3363
摩洛哥	40	75.8275
俄罗斯	41	75.1947
不丹	42	74.8123
白俄罗斯	43	74.8122
尼泊尔	44	73.3555
老挝	45	73.3203
塔吉克斯坦	46	69.3602
摩尔多瓦	47	68.5646
新西兰	48	66.8384
乌克兰	49	66.7316
塞尔维亚	50	66.7219
捷克	51	65.5209
保加利亚	52	65.5127
马其顿	53	65.3120
黑山	54	65.2245
波黑	55	65.1959
埃及	56	65.0850
克罗地亚	57	64.5546
埃塞俄比亚	58	64.0098
波兰	59	63.1165
缅甸	60	62.8860
匈牙利	61	59.6029
南非	62	58.3687
罗马尼亚	63	57.2801
蒙古国	64	56.3051
阿富汗	65	55.8555
哈萨克斯坦	66	52.3167
乌兹别克斯坦	67	50.2510
斯里兰卡	68	47.8548
格鲁吉亚	69	43.8618
土耳其	70	24.1651
巴基斯坦	71	0.2329

图 5-3　“一带一路”71 国资本竞争力评价排名

“一带一路”71国资本竞争力及其二级指标评价排名见表5-8。

表5-8 “一带一路”71国资本竞争力及其二级指标评价排名

国家	地区	资本竞争力		二级指标			
				货币资本流动性竞争力水平		固定资本竞争力水平	
		指数	排名	指数	排名	指数	排名
科威特	西亚	92.1424	1	83.9123	4	28.0457	3
新加坡	东南亚	91.9692	2	88.1092	1	6.1887	7
沙特阿拉伯	西亚	88.0962	3	85.0559	2	2.8366	24
中国	东亚	87.8397	4	80.8511	20	22.6651	4
伊拉克	西亚	87.0427	5	84.2581	3	1.7608	46
塞浦路斯	西亚	86.7751	6	75.3984	35	44.8532	1
巴林	西亚	86.3401	7	82.2395	13	8.4902	6
阿拉伯联合酋长国	西亚	86.1418	8	83.0000	5	3.7256	16
东帝汶	东南亚	85.7230	9	82.9654	6	1.8824	41
卡塔尔	西亚	85.6240	10	82.7423	7	2.5233	27
巴拿马	中美洲	85.6217	11	82.6298	8	3.0762	19
土库曼斯坦	中亚	85.5102	12	82.3568	9	3.9069	14
阿塞拜疆	西亚	85.4448	13	82.3020	11	3.8664	15
印度尼西亚	东南亚	85.1725	14	82.1924	16	3.1041	17
约旦	西亚	84.9585	15	82.3544	10	1.2625	64
阿曼	西亚	84.8604	16	82.2385	14	1.3708	60
黎巴嫩	西亚	84.8511	17	82.1973	15	1.5323	54
也门	西亚	84.8335	18	82.2782	12	1.0427	66
柬埔寨	东南亚	84.7528	19	82.0747	17	1.6732	53
马尔代夫	南亚	84.6524	20	81.9128	18	2.0006	34
以色列	西亚	84.1042	21	81.2757	19	2.5534	26
文莱	东南亚	83.3268	22	80.4674	21	2.8593	23
亚美尼亚	西亚	82.8425	23	80.4144	22	0.7930	70
孟加拉国	南亚	80.6387	24	78.1630	23	1.4606	57
希腊	中东欧	80.2019	25	77.6780	24	1.7870	45
印度	南亚	79.9409	26	76.8595	27	4.6309	11

续表

国家	地区	资本竞争力		二级指标			
				货币资本流动性竞争力水平		固定资本竞争力水平	
		指数	排名	指数	排名	指数	排名
吉尔吉斯斯坦	中亚	79.6400	27	77.1085	25	1.9345	35
菲律宾	东南亚	79.4915	28	76.9754	26	1.8867	40
爱沙尼亚	中东欧	79.0699	29	75.8325	32	5.5815	9
阿尔巴尼亚	中东欧	78.9769	30	76.5644	28	1.4674	56
立陶宛	中东欧	78.6062	31	76.0893	30	2.0627	31
越南	东南亚	78.5836	32	76.1435	29	1.6823	52
拉脱维亚	中东欧	78.3744	33	75.6931	33	2.9313	22
斯洛伐克	中东欧	78.2277	34	75.8464	31	1.4572	58
马来西亚	东南亚	78.0981	35	75.4671	34	2.7332	25
斯洛文尼亚	中东欧	77.8235	36	75.2998	36	2.2492	29
伊朗	西亚	76.9211	37	74.6454	37	1.1823	65
泰国	东南亚	76.6553	38	74.2208	38	2.0298	33
韩国	东亚	76.3363	39	73.5292	40	3.9585	13
摩洛哥	非洲	75.8275	40	73.5666	39	1.3214	61
俄罗斯	中东欧	75.1947	41	72.0648	42	5.7972	8
不丹	南亚	74.8123	42	71.8169	43	5.1983	10
白俄罗斯	中东欧	74.8122	43	72.5981	41	1.2846	62
尼泊尔	南亚	73.3555	44	70.8423	45	3.0664	20
老挝	东南亚	73.3203	45	71.2332	44	0.9390	68
塔吉克斯坦	中亚	69.3602	46	67.3264	46	1.4430	59
摩尔多瓦	中东欧	68.5646	47	66.4045	47	2.2309	30
新西兰	大洋洲	66.8384	48	64.9359	48	1.2764	63
乌克兰	中东欧	66.7316	49	64.7104	50	1.8916	39
塞尔维亚	中东欧	66.7219	50	64.7401	49	1.6962	50
捷克	中东欧	65.5209	51	63.3318	54	2.9684	21
保加利亚	中东欧	65.5127	52	63.5592	51	1.7899	44
马其顿	中东欧	65.3120	53	63.3748	53	1.7475	47
黑山	中东欧	65.2245	54	63.2683	55	1.8594	42

续表

国家	地区	资本竞争力		二级指标			
				货币资本流动性竞争力水平		固定资本竞争力水平	
		指数	排名	指数	排名	指数	排名
波黑	中东欧	65.1959	55	63.4170	52	0.9771	67
埃及	非洲	65.0850	56	63.1676	56	1.6922	51
克罗地亚	中东欧	64.5546	57	62.6919	57	1.5215	55
埃塞俄比亚	非洲	64.0098	58	61.8561	58	3.0852	18
波兰	中东欧	63.1165	59	61.2299	59	1.9214	37
缅甸	东南亚	62.8860	60	61.0530	60	1.6980	49
匈牙利	中东欧	59.6029	61	55.7399	62	12.5057	5
南非	非洲	58.3687	62	56.6890	61	1.8098	43
罗马尼亚	中东欧	57.2801	63	55.6243	63	1.9016	38
蒙古国	东亚	56.3051	64	54.6613	64	2.0312	32
阿富汗	西亚	55.8555	65	54.5111	65	0.6191	71
哈萨克斯坦	中亚	52.3167	66	43.2936	68	39.7730	2
乌兹别克斯坦	中亚	50.2510	67	48.4321	66	4.0874	12
斯里兰卡	南亚	47.8548	68	46.7586	67	0.9336	69
格鲁吉亚	西亚	43.8618	69	42.6547	69	2.2669	28
土耳其	西亚	24.1651	70	23.7905	70	1.9320	36
巴基斯坦	南亚	0.2329	71	0.8268	71	1.7403	48

“一带一路”71国资本竞争力排名及分级类型见表5-9。

表5-9　“一带一路”71国资本竞争力排名及分级类型

国家	地区	指数	排名	分级类型
科威特	西亚	92.1424	1	强型
新加坡	东南亚	91.9692	2	强型
沙特阿拉伯	西亚	88.0962	3	强型
中国	东亚	87.8397	4	强型
伊拉克	西亚	87.0427	5	强型
塞浦路斯	西亚	86.7751	6	强型

续表

国家	地区	指数	排名	分级类型
巴林	西亚	86.3401	7	强型
阿拉伯联合酋长国	西亚	86.1418	8	强型
东帝汶	东南亚	85.7230	9	强型
卡塔尔	西亚	85.6240	10	强型
巴拿马	中美洲	85.6217	11	强型
土库曼斯坦	中亚	85.5102	12	强型
阿塞拜疆	西亚	85.4448	13	强型
印度尼西亚	东南亚	85.1725	14	强型
约旦	西亚	84.9585	15	强型
阿曼	西亚	84.8604	16	强型
黎巴嫩	西亚	84.8511	17	强型
也门	西亚	84.8335	18	强型
柬埔寨	东南亚	84.7528	19	强型
马尔代夫	南亚	84.6524	20	强型
以色列	西亚	84.1042	21	强型
文莱	东南亚	83.3268	22	强型
亚美尼亚	西亚	82.8425	23	强型
孟加拉国	南亚	80.6387	24	较强型
希腊	中东欧	80.2019	25	较强型
印度	南亚	79.9409	26	较强型
吉尔吉斯斯坦	中亚	79.6400	27	较强型
菲律宾	东南亚	79.4915	28	较强型
爱沙尼亚	中东欧	79.0699	29	较强型
阿尔巴尼亚	中东欧	78.9769	30	较强型
立陶宛	中东欧	78.6062	31	较强型
越南	东南亚	78.5836	32	较强型
拉脱维亚	中东欧	78.3744	33	较强型
斯洛伐克	中东欧	78.2277	34	较强型
马来西亚	东南亚	78.0981	35	较强型
斯洛文尼亚	中东欧	77.8235	36	较强型
伊朗	西亚	76.9211	37	较强型

续表

国家	地区	指数	排名	分级类型
泰国	东南亚	76.6553	38	较强型
韩国	东亚	76.3363	39	较强型
摩洛哥	非洲	75.8275	40	较强型
俄罗斯	中东欧	75.1947	41	较强型
不丹	南亚	74.8123	42	较强型
白俄罗斯	中东欧	74.8122	43	较强型
尼泊尔	南亚	73.3555	44	较强型
老挝	东南亚	73.3203	45	较强型
塔吉克斯坦	中亚	69.3602	46	较强型
摩尔多瓦	中东欧	68.5646	47	一般型
新西兰	大洋洲	66.8384	48	一般型
乌克兰	中东欧	66.7316	49	一般型
塞尔维亚	中东欧	66.7219	50	一般型
捷克	中东欧	65.5209	51	一般型
保加利亚	中东欧	65.5127	52	一般型
马其顿	中东欧	65.3120	53	一般型
黑山	中东欧	65.2245	54	一般型
波黑	中东欧	65.1959	55	一般型
埃及	非洲	65.0850	56	一般型
克罗地亚	中东欧	64.5546	57	一般型
埃塞俄比亚	非洲	64.0098	58	一般型
波兰	中东欧	63.1165	59	一般型
缅甸	东南亚	62.8860	60	一般型
匈牙利	中东欧	59.6029	61	一般型
南非	非洲	58.3687	62	一般型
罗马尼亚	中东欧	57.2801	63	一般型
蒙古国	东亚	56.3051	64	一般型
阿富汗	西亚	55.8555	65	一般型
哈萨克斯坦	中亚	52.3167	66	一般型
乌兹别克斯坦	中亚	50.2510	67	一般型
斯里兰卡	南亚	47.8548	68	一般型

续表

国家	地区	指数	排名	分级类型
格鲁吉亚	西亚	43.8618	69	一般型
土耳其	西亚	24.1651	70	较弱型
巴基斯坦	南亚	0.2329	71	弱型

“一带一路”71国资本竞争力评价分级类型的地理空间聚集特征见表5-10。

表5-10　“一带一路”71国资本竞争力评价分级类型的地理空间聚集特征

国家	分级类型	地理空间聚集特征
科威特、新加坡、沙特阿拉伯、中国、伊拉克、塞浦路斯、巴林、阿拉伯联合酋长国、东帝汶、卡塔尔、巴拿马、土库曼斯坦、阿塞拜疆、印度尼西亚、约旦、阿曼、黎巴嫩、也门、柬埔寨、马尔代夫、以色列、文莱、亚美尼亚	强型 （23个国家）	该类型国家有明显的空间聚集特征，主要表现为：①西亚阿拉伯半岛上12国呈大片连接状态；②东西亚5国呈线状连接；③西亚的亚美尼亚、阿塞拜疆与中亚的土库曼斯坦隔里海相望 此外，中国、巴拿马、马尔代夫3国分属在不同地区，无聚集特征
孟加拉国、希腊、印度、吉尔吉斯斯坦、菲律宾、爱沙尼亚、阿尔巴尼亚、立陶宛、越南、拉脱维亚、斯洛伐克、马来西亚、斯洛文尼亚、伊朗、泰国、韩国、摩洛哥、俄罗斯、不丹、白俄罗斯、尼泊尔、老挝、塔吉克斯坦	较强型 （23个国家）	该类型国家的空间聚集特征较为明显，中东欧、中亚、南亚、东南亚等地区均表现为片状连接：①中东欧东北部5国、西南部2国、南部2国；②中亚2国；③南亚4国；④东南亚5国等； 伊朗、韩国、摩洛哥3国互不相连，无聚集特征
摩尔多瓦、新西兰、乌克兰、塞尔维亚、捷克、保加利亚、马其顿、黑山、波黑、埃及、克罗地亚、埃塞俄比亚、波兰、缅甸、匈牙利、南非、罗马尼亚、蒙古国、阿富汗、哈萨克斯坦、乌兹别克斯坦、斯里兰卡、格鲁吉亚	一般型 （23个国家）	该类型国家空间聚集特征较为明显，表现为：①中东欧的中部地区12国呈片状连接；②中亚2国及西亚的阿富汗、东亚的蒙古国连成一线 其余7国分散在不同地区，无聚集特征
土耳其	较弱型 （1个国家）	西亚地区
巴基斯坦	弱型 （1个国家）	南亚地区

三、“一带一路”71 国技术创新竞争力评价

“一带一路”71 国技术创新竞争力评价排名见图 5-4。

国家	排名	指数	国家	排名	指数
韩国	1	85.0102	罗马尼亚	37	10.5743
以色列	2	44.0490	也门	38	9.7884
尼泊尔	3	41.6661	沙特阿拉伯	39	9.2598
新加坡	4	37.0498	巴林	40	9.2055
孟加拉国	5	36.1151	阿塞拜疆	41	9.1444
斯洛文尼亚	6	34.0050	印度	42	9.1419
中国	7	33.9396	南非	43	9.1023
巴基斯坦	8	31.1429	马其顿	44	8.7494
捷克	9	28.4804	格鲁吉亚	45	8.6474
爱沙尼亚	10	27.0294	塞浦路斯	46	8.4962
文莱	11	25.4759	埃及	47	8.3819
斯洛伐克	12	25.2753	乌克兰	48	8.3180
土耳其	13	24.4937	约旦	49	7.9274
匈牙利	14	24.0857	波黑	50	7.7813
俄罗斯	15	21.6248	越南	51	7.5824
希腊	16	21.4087	摩尔多瓦	52	7.5002
波兰	17	20.7780	埃塞俄比亚	53	6.9746
马来西亚	18	20.5728	东帝汶	54	5.8838
阿拉伯联合酋长国	19	19.5843	斯里兰卡	55	5.6970
卡塔尔	20	19.1226	阿尔巴尼亚	56	5.5462
立陶宛	21	19.1195	黑山	57	5.2202
塞尔维亚	22	18.8581	亚美尼亚	58	5.2065
缅甸	23	17.9087	不丹	59	5.1925
克罗地亚	24	15.8493	土库曼斯坦	60	4.9914
保加利亚	25	15.6739	柬埔寨	61	4.6911
新西兰	26	15.0388	马尔代夫	62	4.6200
伊朗	27	14.5733	哈萨克斯坦	63	4.4411
巴拿马	28	13.5771	印度尼西亚	64	4.3979
摩洛哥	29	13.5363	蒙古国	65	4.3019
泰国	30	13.5307	乌兹别克斯坦	66	4.1635
菲律宾	31	13.1842	塔吉克斯坦	67	3.7331
老挝	32	12.1614	吉尔吉斯斯坦	68	2.9201
拉脱维亚	33	12.0851	阿曼	69	2.9121
黎巴嫩	34	11.9980	科威特	70	2.3971
白俄罗斯	35	11.5763	伊拉克	71	2.0793
阿富汗	36	10.7060			

图 5-4 “一带一路”71 国技术创新竞争力评价排名

“一带一路”71国技术创新竞争力及其二级指标评价排名见表5-11。

表5-11 “一带一路”71国技术创新竞争力及其二级指标评价排名

国家	地区	技术创新竞争力		二级指标			
				科技投入		科技产出	
		指数	排名	指数	排名	指数	排名
韩国	东亚	85.0102	1	100.0000	1	39.0973	4
以色列	西亚	44.0490	2	62.5279	2	9.8058	13
尼泊尔	南亚	41.6661	3	4.1643	60	63.2854	1
新加坡	东南亚	37.0498	4	37.9576	6	22.6445	7
孟加拉国	南亚	36.1151	5	4.1643	59	54.3280	2
斯洛文尼亚	中东欧	34.0050	6	51.2139	3	4.7109	30
中国	东亚	33.9396	7	30.4660	11	24.9840	6
巴基斯坦	南亚	31.1429	8	4.1643	61	46.3047	3
捷克	中东欧	28.4804	9	43.8434	4	3.0355	44
爱沙尼亚	中东欧	27.0294	10	37.9148	7	6.5171	23
文莱	东南亚	25.4759	11	37.9576	5	3.9683	33
斯洛伐克	中东欧	25.2753	12	28.6324	17	12.8039	10
土耳其	西亚	24.4937	13	18.6574	24	21.3402	8
匈牙利	中东欧	24.0857	14	35.0823	8	4.5492	31
俄罗斯	中东欧	21.6248	15	29.5441	14	6.0178	25
希腊	中东欧	21.4087	16	34.4284	9	0.8717	67
波兰	中东欧	20.7780	17	30.9432	10	3.2773	40
马来西亚	东南亚	20.5728	18	30.3825	12	3.4968	37
阿拉伯联合酋长国	西亚	19.5843	19	28.8790	15	3.3785	39
卡塔尔	西亚	19.1226	20	28.8790	16	2.6335	50
立陶宛	中东欧	19.1195	21	29.9609	13	1.5659	61
塞尔维亚	中东欧	18.8581	22	22.9688	18	8.0117	17
缅甸	东南亚	17.9087	23	0.0000	71	29.0397	5
克罗地亚	中东欧	15.8493	24	21.2705	20	4.8246	29
保加利亚	中东欧	15.6739	25	22.9214	19	2.9200	46
新西兰	大洋洲	15.0388	26	10.6545	40	13.9437	9
伊朗	西亚	14.5733	27	17.9372	25	6.0396	24

续表

国家	地区	技术创新竞争力		二级指标			
				科技投入		科技产出	
		指数	排名	指数	排名	指数	排名
巴拿马	中美洲	13.5771	28	20.4991	21	1.9158	59
摩洛哥	非洲	13.5363	29	14.1541	27	8.0820	16
泰国	东南亚	13.5307	30	18.9095	22	3.4022	38
菲律宾	东南亚	13.1842	31	9.6664	43	11.9216	11
老挝	东南亚	12.1614	32	9.6664	42	10.2712	12
拉脱维亚	中东欧	12.0851	33	16.7308	26	3.2095	42
黎巴嫩	西亚	11.9980	34	18.6574	23	1.1767	64
白俄罗斯	中东欧	11.5763	35	11.1226	35	7.8968	18
阿富汗	西亚	10.7060	36	10.7999	37	6.8093	21
罗马尼亚	中东欧	10.5743	37	10.5953	41	6.7978	22
也门	西亚	9.7884	38	10.7999	39	5.3287	28
沙特阿拉伯	西亚	9.2598	39	13.0560	30	2.2598	54
巴林	西亚	9.2055	40	13.0560	29	2.1722	57
阿塞拜疆	西亚	9.1444	41	11.1630	34	3.9328	34
印度	南亚	9.1419	42	7.3628	49	7.6614	20
南非	非洲	9.1023	43	11.2587	33	3.7709	35
马其顿	中东欧	8.7494	44	8.5878	46	5.8249	26
格鲁吉亚	西亚	8.6474	45	12.4059	31	1.9102	60
塞浦路斯	西亚	8.4962	46	13.5993	28	0.4940	69
埃及	非洲	8.3819	47	11.5725	32	2.3004	53
乌克兰	中东欧	8.3180	48	10.9623	36	2.7966	49
约旦	西亚	7.9274	49	10.7999	38	2.3258	52
波黑	中东欧	7.7813	50	4.6839	58	8.0971	15
越南	东南亚	7.5824	51	9.6664	45	2.8823	47
摩尔多瓦	中东欧	7.5002	52	6.7676	52	5.5970	27
埃塞俄比亚	非洲	6.9746	53	2.9279	68	8.5201	14
东帝汶	东南亚	5.8838	54	9.6664	44	0.1414	71
斯里兰卡	南亚	5.6970	55	7.3628	50	2.1026	58
阿尔巴尼亚	中东欧	5.5462	56	4.6839	57	4.4905	32

续表

国家	地区	技术创新竞争力		二级指标			
				科技投入		科技产出	
		指数	排名	指数	排名	指数	排名
黑山	中东欧	5.2202	57	7.7447	47	0.9580	66
亚美尼亚	西亚	5.2065	58	5.4159	53	3.2234	41
不丹	南亚	5.1925	59	7.3628	48	1.2885	62
土库曼斯坦	中亚	4.9914	60	5.2016	55	3.0867	43
柬埔寨	东南亚	4.6911	61	0.0000	70	7.7112	19
马尔代夫	南亚	4.6200	62	7.3628	51	0.3647	70
哈萨克斯坦	中亚	4.4411	63	5.2016	54	2.1987	55
印度尼西亚	东南亚	4.3979	64	3.6719	64	3.6315	36
蒙古国	东亚	4.3019	65	4.9948	56	2.1773	56
乌兹别克斯坦	中亚	4.1635	66	4.0002	62	2.9308	45
塔吉克斯坦	中亚	3.7331	67	3.6604	65	2.5701	51
吉尔吉斯斯坦	中亚	2.9201	68	3.7646	63	1.1557	65
阿曼	西亚	2.9121	69	3.6313	66	1.2738	63
科威特	西亚	2.3971	70	3.5475	67	0.5251	68
伊拉克	西亚	2.0793	71	0.6794	69	2.8294	48

“一带一路”71国技术创新竞争力排名及分级类型见表5-12。

表5-12 “一带一路”71国技术创新竞争力排名及分级类型

国家	地区	指数	排名	分级类型
韩国	东亚	85.0102	1	活跃型
以色列	西亚	44.0490	2	优良型
尼泊尔	南亚	41.6661	3	优良型
新加坡	东南亚	37.0498	4	一般型
孟加拉国	南亚	36.1151	5	一般型
斯洛文尼亚	中东欧	34.0050	6	一般型
中国	东亚	33.9396	7	一般型
巴基斯坦	南亚	31.1429	8	一般型
捷克	中东欧	28.4804	9	一般型

续表

国家	地区	指数	排名	分级类型
爱沙尼亚	中东欧	27.0294	10	一般型
文莱	东南亚	25.4759	11	抑制型
斯洛伐克	中东欧	25.2753	12	抑制型
土耳其	西亚	24.4937	13	抑制型
匈牙利	中东欧	24.0857	14	抑制型
俄罗斯	中东欧	21.6248	15	抑制型
希腊	中东欧	21.4087	16	抑制型
波兰	中东欧	20.7780	17	抑制型
马来西亚	东南亚	20.5728	18	抑制型
阿拉伯联合酋长国	西亚	19.5843	19	抑制型
卡塔尔	西亚	19.1226	20	抑制型
立陶宛	中东欧	19.1195	21	抑制型
塞尔维亚	中东欧	18.8581	22	抑制型
缅甸	东南亚	17.9087	23	抑制型
克罗地亚	中东欧	15.8493	24	抑制型
保加利亚	中东欧	15.6739	25	抑制型
新西兰	大洋洲	15.0388	26	抑制型
伊朗	西亚	14.5733	27	抑制型
巴拿马	中美洲	13.5771	28	匮乏型
摩洛哥	非洲	13.5363	29	匮乏型
泰国	东南亚	13.5307	30	匮乏型
菲律宾	东南亚	13.1842	31	匮乏型
老挝	东南亚	12.1614	32	匮乏型
拉脱维亚	中东欧	12.0851	33	匮乏型
黎巴嫩	西亚	11.9980	34	匮乏型
白俄罗斯	中东欧	11.5763	35	匮乏型
阿富汗	西亚	10.7060	36	匮乏型
罗马尼亚	中东欧	10.5743	37	匮乏型
也门	西亚	9.7884	38	匮乏型
沙特阿拉伯	西亚	9.2598	39	匮乏型
巴林	西亚	9.2055	40	匮乏型

续表

国家	地区	指数	排名	分级类型
阿塞拜疆	西亚	9.1444	41	匮乏型
印度	南亚	9.1419	42	匮乏型
南非	非洲	9.1023	43	匮乏型
马其顿	中东欧	8.7494	44	匮乏型
格鲁吉亚	西亚	8.6474	45	匮乏型
塞浦路斯	西亚	8.4962	46	匮乏型
埃及	非洲	8.3819	47	匮乏型
乌克兰	中东欧	8.3180	48	匮乏型
约旦	西亚	7.9274	49	匮乏型
波黑	中东欧	7.7813	50	匮乏型
越南	东南亚	7.5824	51	匮乏型
摩尔多瓦	中东欧	7.5002	52	匮乏型
埃塞俄比亚	非洲	6.9746	53	匮乏型
东帝汶	东南亚	5.8838	54	匮乏型
斯里兰卡	南亚	5.6970	55	匮乏型
阿尔巴尼亚	中东欧	5.5462	56	匮乏型
黑山	中东欧	5.2202	57	匮乏型
亚美尼亚	西亚	5.2065	58	匮乏型
不丹	南亚	5.1925	59	匮乏型
土库曼斯坦	中亚	4.9914	60	匮乏型
柬埔寨	东南亚	4.6911	61	匮乏型
马尔代夫	南亚	4.6200	62	匮乏型
哈萨克斯坦	中亚	4.4411	63	匮乏型
印度尼西亚	东南亚	4.3979	64	匮乏型
蒙古国	东亚	4.3019	65	匮乏型
乌兹别克斯坦	中亚	4.1635	66	匮乏型
塔吉克斯坦	中亚	3.7331	67	匮乏型
吉尔吉斯斯坦	中亚	2.9201	68	匮乏型
阿曼	西亚	2.9121	69	匮乏型
科威特	西亚	2.3971	70	匮乏型
伊拉克	西亚	2.0793	71	匮乏型

“一带一路”71国技术创新竞争力评价分级类型的地理空间聚集特征见表5-13。

表5-13 “一带一路”71国技术创新竞争力评价分级类型的地理空间聚集特征

国家	分级类型	地理空间聚集特征
韩国	活跃型（1个国家）	东亚地区
以色列、尼泊尔	优良型（2个国家）	无聚集特征
新加坡、孟加拉国、斯洛文尼亚、中国、巴基斯坦、捷克、爱沙尼亚	一般型（7个国家）	该类型国家聚集特征不明显，7国分别分布于中东欧西部和东北部地区、东亚、南亚地区
文莱、斯洛伐克、土耳其、匈牙利、俄罗斯、希腊、波兰、马来西亚、阿拉伯联合酋长国、卡塔尔、立陶宛、塞尔维亚、缅甸、克罗地亚、保加利亚、新西兰、伊朗	抑制型（17个国家）	该类型国家空间聚集特征表现为两种状态：①存在聚集特征：中东欧地区9国及土耳其自南向北呈“L”状分布；②无聚集特征：文莱、马来西亚、缅甸、阿拉伯联合酋长国、卡塔尔、新西兰、伊朗7国分属不同地区，无聚集特征
巴拿马、摩洛哥、泰国、菲律宾、老挝、拉脱维亚、黎巴嫩、白俄罗斯、阿富汗、罗马尼亚、也门、沙特阿拉伯、巴林、阿塞拜疆、印度、南非、马其顿、格鲁吉亚、塞浦路斯、埃及、乌克兰、约旦、波黑、越南、摩尔多瓦、埃塞俄比亚、东帝汶、斯里兰卡、阿尔巴尼亚、黑山、亚美尼亚、不丹、土库曼斯坦、柬埔寨、马尔代夫、哈萨克斯坦、印度尼西亚、蒙古国、乌兹别克斯坦、塔吉克斯坦、吉尔吉斯斯坦、阿曼、科威特、伊拉克	匮乏型（44个国家）	该类型国家空间聚集特征十分明显，各地区均有片状聚集，具体表现为：①中东欧东部6国、西南部4国；②东南亚7国；③中亚5国及阿富汗；④南亚4国；⑤西亚阿拉伯半岛9国；⑥外高加索3国等 另外，非洲4国及巴拿马、蒙古国分属不同地区，无聚集特征

第六章
“一带一路”国家经济社会发展开放度子系统综合评价

本章对“一带一路”71国经济社会发展开放度子系统总体情况进行了综合评价，包括资本国际流动能力、资本国际融合度2个一级指标的指数评价，主要反映了各国经济社会发展的开放水平。

第一节 “一带一路”国家经济社会发展开放度子系统总体评价

本节对“一带一路”71国经济社会发展开放度子系统总体发展水平及下设的资本国际流动能力和资本国际融合度2个一级指标发展水平进行了评价排序，并对评价水平进行了分类和地理空间聚集特征的描述。

一、“一带一路”71国经济社会发展开放度子系统评价指标体系

“一带一路”71国经济社会发展开放度子系统评价指标体系见表6-1。

表6-1 “一带一路”71国经济社会发展开放度子系统评价指标体系

一级指标	二级指标	一级指标	二级指标
资本国际流动能力	外汇储备	资本国际融合度	金融深化程度
			金融融合指标
	本国对外投资		金融相关比率
			美元储备占总外汇储备比重
	直接利用外资		国家长期对外债权拥有量
			国家长期对外负债量

二、“一带一路”71 国经济社会发展开放度子系统综合评价

“一带一路”71 国经济社会发展开放度子系统综合评价见图 6-1。

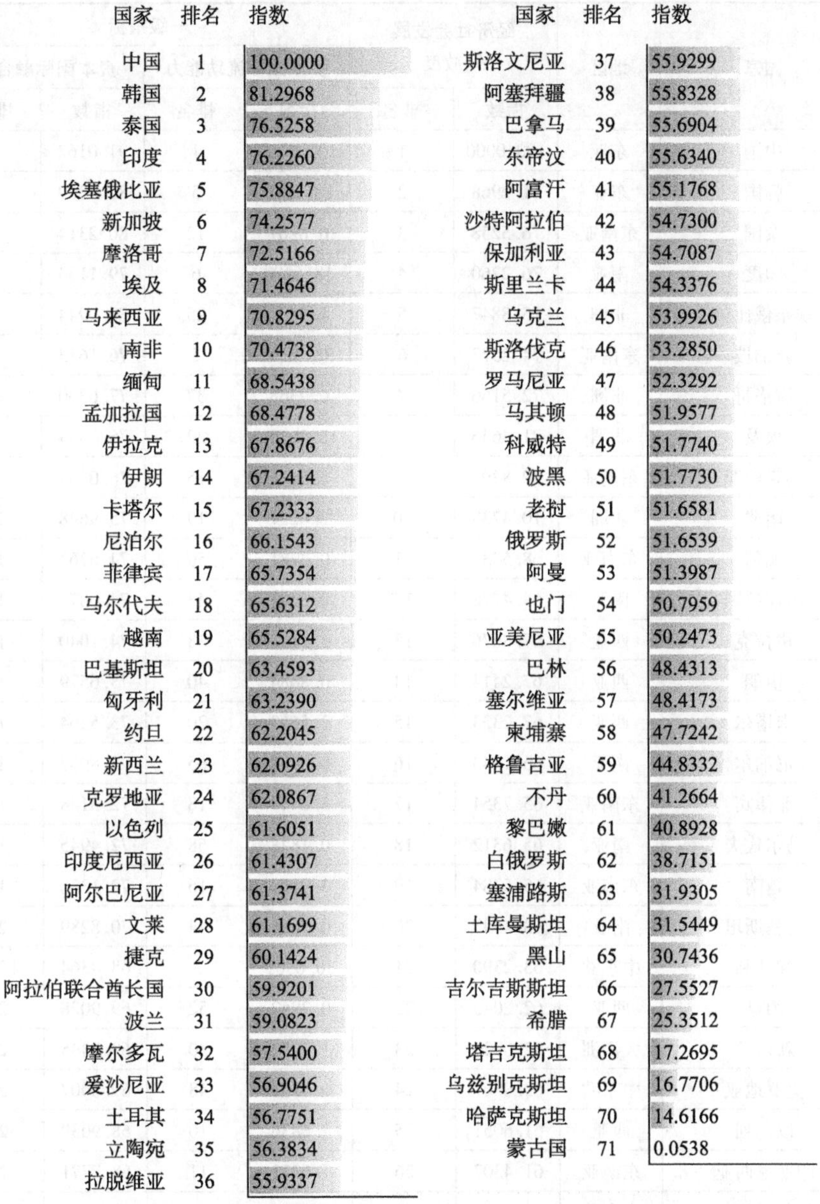
国家 排名 指数
中国 1 100.0000
韩国 2 81.2968
泰国 3 76.5258
印度 4 76.2260
埃塞俄比亚 5 75.8847
新加坡 6 74.2577
摩洛哥 7 72.5166
埃及 8 71.4646
马来西亚 9 70.8295
南非 10 70.4738
缅甸 11 68.5438
孟加拉国 12 68.4778
伊拉克 13 67.8676
伊朗 14 67.2414
卡塔尔 15 67.2333
尼泊尔 16 66.1543
菲律宾 17 65.7354
马尔代夫 18 65.6312
越南 19 65.5284
巴基斯坦 20 63.4593
匈牙利 21 63.2390
约旦 22 62.2045
新西兰 23 62.0926
克罗地亚 24 62.0867
以色列 25 61.6051
印度尼西亚 26 61.4307
阿尔巴尼亚 27 61.3741
文莱 28 61.1699
捷克 29 60.1424
阿拉伯联合酋长国 30 59.9201
波兰 31 59.0823
摩尔多瓦 32 57.5400
爱沙尼亚 33 56.9046
土耳其 34 56.7751
立陶宛 35 56.3834
拉脱维亚 36 55.9337
国家 排名 指数
斯洛文尼亚 37 55.9299
阿塞拜疆 38 55.8328
巴拿马 39 55.6904
东帝汶 40 55.6340
阿富汗 41 55.1768
沙特阿拉伯 42 54.7300
保加利亚 43 54.7087
斯里兰卡 44 54.3376
乌克兰 45 53.9926
斯洛伐克 46 53.2850
罗马尼亚 47 52.3292
马其顿 48 51.9577
科威特 49 51.7740
波黑 50 51.7730
老挝 51 51.6581
俄罗斯 52 51.6539
阿曼 53 51.3987
也门 54 50.7959
亚美尼亚 55 50.2473
巴林 56 48.4313
塞尔维亚 57 48.4173
柬埔寨 58 47.7242
格鲁吉亚 59 44.8332
不丹 60 41.2664
黎巴嫩 61 40.8928
白俄罗斯 62 38.7151
塞浦路斯 63 31.9305
土库曼斯坦 64 31.5449
黑山 65 30.7436
吉尔吉斯斯坦 66 27.5527
希腊 67 25.3512
塔吉克斯坦 68 17.2695
乌兹别克斯坦 69 16.7706
哈萨克斯坦 70 14.6166
蒙古国 71 0.0538

图 6-1　“一带一路”71 国经济社会发展开放度综合评价排名

“一带一路”71国经济社会发展开放度子系统综合评价及其一级指标评价排名见表6-2。

表6-2　“一带一路”71国经济社会发展开放度子系统综合评价及其一级指标评价排名

国家	地区	经济社会发展开放度		一级指标			
				资本国际流动能力		资本国际融合度	
		指数	排名	指数	排名	指数	排名
中国	东亚	100.0000	1	100.0000	1	91.0162	1
韩国	东亚	81.2968	2	18.7500	5	82.9309	2
泰国	东南亚	76.5258	3	6.6267	12	80.2314	3
印度	南亚	76.2260	4	18.6490	6	79.1153	5
埃塞俄比亚	非洲	75.8847	5	1.9491	25	80.0944	4
新加坡	东南亚	74.2577	6	38.5034	2	76.1613	8
摩洛哥	非洲	72.5166	7	0.9368	37	77.6300	6
埃及	非洲	71.4646	8	2.2670	22	76.7384	7
马来西亚	东南亚	70.8295	9	5.5616	15	76.0157	9
南非	非洲	70.4738	10	2.6257	19	75.9648	10
缅甸	东南亚	68.5438	11	0.3781	50	74.6762	11
孟加拉国	南亚	68.4778	12	0.6393	43	74.6071	12
伊拉克	西亚	67.8676	13	1.2198	33	74.1040	13
伊朗	西亚	67.2414	14	0.8684	40	73.6579	14
卡塔尔	西亚	67.2333	15	2.5613	20	73.5264	15
尼泊尔	南亚	66.1543	16	0.0992	65	72.8952	16
菲律宾	东南亚	65.7354	17	3.6744	18	72.3148	18
马尔代夫	南亚	65.6312	18	0.1848	58	72.4945	17
越南	东南亚	65.5284	19	3.9592	16	72.1376	19
巴基斯坦	南亚	63.4593	20	0.5656	44	70.8289	20
匈牙利	中东欧	63.2390	21	30.6361	3	68.4364	28
约旦	西亚	62.2045	22	0.2962	52	69.9028	21
新西兰	大洋洲	62.0926	23	1.2950	30	69.7445	23
克罗地亚	中东欧	62.0867	24	0.4759	48	69.8007	22
以色列	西亚	61.6051	25	7.6836	10	68.9039	26
印度尼西亚	东南亚	61.4307	26	7.6211	11	68.7771	27
阿尔巴尼亚	中东欧	61.3741	27	0.2723	56	69.2785	24

续表

国家	地区	经济社会发展开放度		一级指标			
				资本国际流动能力		资本国际融合度	
		指数	排名	指数	排名	指数	排名
文莱	东南亚	61.1699	28	0.2905	53	69.1232	25
捷克	中东欧	60.1424	29	5.8566	13	67.9364	29
阿拉伯联合酋长国	西亚	59.9201	30	9.6280	9	67.4896	30
波兰	中东欧	59.0823	31	5.6660	14	67.1512	31
摩尔多瓦	中东欧	57.5400	32	0.1302	63	66.3983	32
爱沙尼亚	中东欧	56.9046	33	1.3114	29	65.8318	33
土耳其	西亚	56.7751	34	3.7818	17	65.5513	34
立陶宛	中东欧	56.3834	35	0.5497	46	65.4953	35
拉脱维亚	中东欧	55.9337	36	0.2726	55	65.1767	36
斯洛文尼亚	中东欧	55.9299	37	0.7515	41	65.1384	37
阿塞拜疆	西亚	55.8328	38	1.2702	32	65.0268	38
巴拿马	中美洲	55.6904	39	2.0102	24	64.8646	40
东帝汶	东南亚	55.6340	40	0.0120	70	64.9701	39
阿富汗	西亚	55.1768	41	0.0759	68	64.6207	41
沙特阿拉伯	西亚	54.7300	42	10.2406	8	63.5312	45
保加利亚	中东欧	54.7087	43	0.8983	38	64.2069	42
斯里兰卡	南亚	54.3376	44	0.2289	57	63.9766	43
乌克兰	中东欧	53.9926	45	1.5729	27	63.6170	44
斯洛伐克	中东欧	53.2850	46	0.5172	47	63.1617	46
罗马尼亚	中东欧	52.3292	47	2.5045	21	62.2940	47
马其顿	中东欧	51.9577	48	0.1845	59	62.1857	48
科威特	西亚	51.7740	49	2.2327	23	61.8955	51
波黑	中东欧	51.7730	50	0.1399	61	62.0497	49
老挝	东南亚	51.6581	51	0.1522	60	61.9622	50
俄罗斯	中东欧	51.6539	52	19.1097	4	60.5554	55
阿曼	西亚	51.3987	53	1.0343	35	61.7012	52
也门	西亚	50.7959	54	0.1349	62	61.3134	53
亚美尼亚	西亚	50.2473	55	0.0894	66	60.9031	54
巴林	西亚	48.4313	56	0.2828	54	59.5197	56
塞尔维亚	中东欧	48.4173	57	1.0597	34	59.4516	57

续表

国家	地区	经济社会发展开放度		一级指标			
				资本国际流动能力		资本国际融合度	
		指数	排名	指数	排名	指数	排名
柬埔寨	东南亚	47.7242	58	0.8983	39	58.9410	58
格鲁吉亚	西亚	44.8332	59	0.4012	49	56.7982	59
不丹	南亚	41.2664	60	0.0047	71	54.1384	60
黎巴嫩	西亚	40.8928	61	0.9858	36	53.7841	61
白俄罗斯	中东欧	38.7151	62	0.3184	51	52.1916	62
塞浦路斯	西亚	31.9305	63	12.6959	7	46.1601	65
土库曼斯坦	中亚	31.5449	64	1.4074	28	46.7052	63
黑山	中东欧	30.7436	65	0.1150	64	46.1967	64
吉尔吉斯斯坦	中亚	27.5527	66	0.0883	67	43.7930	66
希腊	中东欧	25.3512	67	1.2757	31	42.0453	67
塔吉克斯坦	中亚	17.2695	68	0.0544	69	36.0426	68
乌兹别克斯坦	中亚	16.7706	69	0.6834	42	35.6199	69
哈萨克斯坦	中亚	14.6166	70	1.6583	26	33.9237	70
蒙古国	东亚	0.0538	71	0.5527	45	23.0262	71

"一带一路"71国经济社会发展开放度子系统综合评价及其一级指标评价分级类型见表6-3。

表6-3 "一带一路"71国经济社会发展开放度子系统综合评价及其一级指标评价分级类型

国家	地区	经济社会发展开放度		一级指标			
				资本国际流动能力		资本国际融合度	
		指数	分级类型	指数	分级类型	指数	分级类型
中国	东亚	100.0000	高开放	100.0000	活跃型	91.0162	高等型
韩国	东亚	81.2968	中高型	18.7500	较差型	82.9309	高等型
泰国	东南亚	76.5258	中高型	6.6267	抑制型	80.2314	高等型
印度	南亚	76.2260	中高型	18.6490	较差型	79.1153	高等型
埃塞俄比亚	非洲	75.8847	中高型	1.9491	抑制型	80.0944	高等型
新加坡	东南亚	74.2577	中高型	38.5034	良好型	76.1613	中高型
摩洛哥	非洲	72.5166	中高型	0.9368	抑制型	77.6300	高等型

续表

国家	地区	经济社会发展开放度		一级指标			
				资本国际流动能力		资本国际融合度	
		指数	分级类型	指数	分级类型	指数	分级类型
埃及	非洲	71.4646	中高型	2.2670	抑制型	76.7384	中高型
马来西亚	东南亚	70.8295	中高型	5.5616	抑制型	76.0157	中高型
南非	非洲	70.4738	中高型	2.6257	抑制型	75.9648	中高型
缅甸	东南亚	68.5438	中高型	0.3781	抑制型	74.6762	中高型
孟加拉国	南亚	68.4778	中高型	0.6393	抑制型	74.6071	中高型
伊拉克	西亚	67.8676	中高型	1.2198	抑制型	74.1040	中高型
伊朗	西亚	67.2414	中高型	0.8684	抑制型	73.6579	中高型
卡塔尔	西亚	67.2333	中高型	2.5613	抑制型	73.5264	中高型
尼泊尔	南亚	66.1543	中高型	0.0992	抑制型	72.8952	中高型
菲律宾	东南亚	65.7354	中高型	3.6744	抑制型	72.3148	中高型
马尔代夫	南亚	65.6312	中高型	0.1848	抑制型	72.4945	中高型
越南	东南亚	65.5284	中高型	3.9592	抑制型	72.1376	中高型
巴基斯坦	南亚	63.4593	中高型	0.5656	抑制型	70.8289	中高型
匈牙利	中东欧	63.2390	中高型	30.6361	一般型	68.4364	中高型
约旦	西亚	62.2045	中高型	0.2962	抑制型	69.9028	中高型
新西兰	大洋洲	62.0926	中高型	1.2950	抑制型	69.7445	中高型
克罗地亚	中东欧	62.0867	中高型	0.4759	抑制型	69.8007	中高型
以色列	西亚	61.6051	中高型	7.6836	抑制型	68.9039	中高型
印度尼西亚	东南亚	61.4307	中高型	7.6211	抑制型	68.7771	中高型
阿尔巴尼亚	中东欧	61.3741	中高型	0.2723	抑制型	69.2785	中高型
文莱	东南亚	61.1699	中高型	0.2905	抑制型	69.1232	中高型
捷克	中东欧	60.1424	中等型	5.8566	抑制型	67.9364	中高型
阿拉伯联合酋长国	西亚	59.9201	中等型	9.6280	较差型	67.4896	中高型
波兰	中东欧	59.0823	中等型	5.6660	抑制型	67.1512	中高型
摩尔多瓦	中东欧	57.5400	中等型	0.1302	抑制型	66.3983	中等型
爱沙尼亚	中东欧	56.9046	中等型	1.3114	抑制型	65.8318	中等型
土耳其	西亚	56.7751	中等型	3.7818	抑制型	65.5513	中等型
立陶宛	中东欧	56.3834	中等型	0.5497	抑制型	65.4953	中等型
拉脱维亚	中东欧	55.9337	中等型	0.2726	抑制型	65.1767	中等型
斯洛文尼亚	中东欧	55.9299	中等型	0.7515	抑制型	65.1384	中等型

续表

国家	地区	经济社会发展开放度		一级指标			
				资本国际流动能力		资本国际融合度	
		指数	分级类型	指数	分级类型	指数	分级类型
阿塞拜疆	西亚	55.8328	中等型	1.2702	抑制型	65.0268	中等型
巴拿马	中美洲	55.6904	中等型	2.0102	抑制型	64.8646	中等型
东帝汶	东南亚	55.6340	中等型	0.0120	抑制型	64.9701	中等型
阿富汗	西亚	55.1768	中等型	0.0759	抑制型	64.6207	中等型
沙特阿拉伯	西亚	54.7300	中等型	10.2406	较差型	63.5312	中等型
保加利亚	中东欧	54.7087	中等型	0.8983	抑制型	64.2069	中等型
斯里兰卡	南亚	54.3376	中等型	0.2289	抑制型	63.9766	中等型
乌克兰	中东欧	53.9926	中等型	1.5729	抑制型	63.6170	中等型
斯洛伐克	中东欧	53.2850	中等型	0.5172	抑制型	63.1617	中等型
罗马尼亚	中东欧	52.3292	中等型	2.5045	抑制型	62.2940	中等型
马其顿	中东欧	51.9577	中等型	0.1845	抑制型	62.1857	中等型
科威特	西亚	51.7740	中等型	2.2327	抑制型	61.8955	中等型
波黑	中东欧	51.7730	中等型	0.1399	抑制型	62.0497	中等型
老挝	东南亚	51.6581	中等型	0.1522	抑制型	61.9622	中等型
俄罗斯	中东欧	51.6539	中等型	19.1097	较差型	60.5554	中等型
阿曼	西亚	51.3987	中等型	1.0343	抑制型	61.7012	中等型
也门	西亚	50.7959	中等型	0.1349	抑制型	61.3134	中等型
亚美尼亚	西亚	50.2473	中等型	0.0894	抑制型	60.9031	中等型
巴林	西亚	48.4313	中等型	0.2828	抑制型	59.5197	中等型
塞尔维亚	中东欧	48.4173	中等型	1.0597	抑制型	59.4516	中等型
柬埔寨	东南亚	47.7242	中等型	0.8983	抑制型	58.9410	中等型
格鲁吉亚	西亚	44.8332	中等型	0.4012	抑制型	56.7982	中等型
不丹	南亚	41.2664	中等型	0.0047	抑制型	54.1384	中等型
黎巴嫩	西亚	40.8928	中等型	0.9858	抑制型	53.7841	中等型
白俄罗斯	中东欧	38.7151	中低型	0.3184	抑制型	52.1916	中等型
塞浦路斯	西亚	31.9305	中低型	12.6959	较差型	46.1601	中低型
土库曼斯坦	中亚	31.5449	中低型	1.4074	抑制型	46.7052	中低型
黑山	中东欧	30.7436	中低型	0.1150	抑制型	46.1967	中低型
吉尔吉斯斯坦	中亚	27.5527	中低型	0.0883	抑制型	43.7930	中低型
希腊	中东欧	25.3512	中低型	1.2757	抑制型	42.0453	中低型

续表

国家	地区	经济社会发展开放度		一级指标			
				资本国际流动能力		资本国际融合度	
		指数	分级类型	指数	分级类型	指数	分级类型
塔吉克斯坦	中亚	17.2695	中低型	0.0544	抑制型	36.0426	中低型
乌兹别克斯坦	中亚	16.7706	中低型	0.6834	抑制型	35.6199	中低型
哈萨克斯坦	中亚	14.6166	中低型	1.6583	抑制型	33.9237	中低型
蒙古国	东亚	0.0538	低开放	0.5527	抑制型	23.0262	低等型

“一带一路”71国经济社会发展开放度综合评价分级类型的地理空间聚集特征见表6-4。

表6-4　“一带一路”71国经济社会发展开放度综合评价分级类型的地理空间聚集特征

国家	分级类型	地理空间聚集特征
中国	高开放（1个国家）	东亚地区
韩国、泰国、印度、埃塞俄比亚、新加坡、摩洛哥、埃及、马来西亚、南非、缅甸、孟加拉国、伊拉克、伊朗、卡塔尔、尼泊尔、菲律宾、马尔代夫、越南、巴基斯坦、匈牙利、约旦、新西兰、克罗地亚、以色列、印度尼西亚、阿尔巴尼亚、文莱	中高型（27个国家）	该类型国家空间聚集特征比较明显，表现为：①东南亚8国与南亚5国连成一片；②西亚中部5国连成一片 另外，中东欧3国、非洲4国及韩国、新西兰呈点状分布，属不同地区，无聚集特征
捷克、阿拉伯联合酋长国、波兰、摩尔多瓦、爱沙尼亚、土耳其、立陶宛、拉脱维亚、斯洛文尼亚、阿塞拜疆、巴拿马、东帝汶、阿富汗、沙特阿拉伯、保加利亚、斯里兰卡、乌克兰、斯洛伐克、罗马尼亚、马其顿、科威特、波黑、老挝、俄罗斯、阿曼、也门、亚美尼亚、巴林、塞尔维亚、柬埔寨、格鲁吉亚、不丹、黎巴嫩	中等型（33个国家）	该类型国家存在明显的空间聚集特征，表现为：①中东欧15国与土耳其及外高加索3国东西连成一片，呈半环状态；②西亚阿拉伯半岛7国也呈片状连接形态 另外，南亚2国、东南亚3国及巴拿马、阿富汗分属不同地区，无聚集特征
白俄罗斯、塞浦路斯、土库曼斯坦、黑山、吉尔吉斯斯坦、希腊、塔吉克斯坦、乌兹别克斯坦、哈萨克斯坦	中低型（9个国家）	该类型国家除中亚5国存在空间聚集外，其他4国呈点状分布，无聚集特征
蒙古国	低开放（1个国家）	东亚地区

第二节 “一带一路”国家经济社会发展开放度子系统一级指标评价

本节对“一带一路”71国经济社会发展开放度子系统下的资本国际流动能力和资本国际融合度2个一级指标进行了综合评价。同时，根据评价结果，分别梳理出资本国际流动能力和资本国际融合度2个一级指标综合评价分类的地理空间聚集特征。

一、“一带一路”71国资本国际流动能力评价

“一带一路”71国资本国际流动能力评价见图6-2。

国家	排名	指数	国家	排名	指数
中国	1	100.0000	巴拿马	24	2.0102
新加坡	2	38.5034	埃塞俄比亚	25	1.9491
匈牙利	3	30.6361	哈萨克斯坦	26	1.6583
俄罗斯	4	19.1097	乌克兰	27	1.5729
韩国	5	18.7500	土库曼斯坦	28	1.4074
印度	6	18.6490	爱沙尼亚	29	1.3114
塞浦路斯	7	12.6959	新西兰	30	1.2950
沙特阿拉伯	8	10.2406	希腊	31	1.2757
阿拉伯联合酋长国	9	9.6280	阿塞拜疆	32	1.2702
以色列	10	7.6836	伊拉克	33	1.2198
印度尼西亚	11	7.6211	塞尔维亚	34	1.0597
泰国	12	6.6267	阿曼	35	1.0343
捷克	13	5.8566	黎巴嫩	36	0.9858
波兰	14	5.6660	摩洛哥	37	0.9368
马来西亚	15	5.5616	保加利亚	38	0.8983
越南	16	3.9592	柬埔寨	39	0.8983
土耳其	17	3.7818	伊朗	40	0.8684
菲律宾	18	3.6744	斯洛文尼亚	41	0.7515
南非	19	2.6257	乌兹别克斯坦	42	0.6834
卡塔尔	20	2.5613	孟加拉国	43	0.6393
罗马尼亚	21	2.5045	巴基斯坦	44	0.5656
埃及	22	2.2670	蒙古国	45	0.5527
科威特	23	2.2327	立陶宛	46	0.5497

图6-2 “一带一路”71国资本国际流动能力评价排名

国家 排名 指数
斯洛伐克 47 0.5172
克罗地亚 48 0.4759
格鲁吉亚 49 0.4012
缅甸 50 0.3781
白俄罗斯 51 0.3184
约旦 52 0.2962
文莱 53 0.2905
巴林 54 0.2828
拉脱维亚 55 0.2726
阿尔巴尼亚 56 0.2723
斯里兰卡 57 0.2289
马尔代夫 58 0.1848
马其顿 59 0.1845
国家 排名 指数
老挝 60 0.1522
波黑 61 0.1399
也门 62 0.1349
摩尔多瓦 63 0.1302
黑山 64 0.1150
尼泊尔 65 0.0992
亚美尼亚 66 0.0894
吉尔吉斯斯坦 67 0.0883
阿富汗 68 0.0759
塔吉克斯坦 69 0.0544
东帝汶 70 0.0120
不丹 71 0.0047

图 6-2　“一带一路”71 国资本国际流动能力评价排名（续）

“一带一路”71 国资本国际流动能力排名及分级类型见表 6-5。

表 6-5　“一带一路”71 国资本国际流动能力排名及分级类型

国家	地区	指数	排名	分级类型
中国	东亚	100. 0000	1	活跃型
新加坡	东南亚	38. 5034	2	良好型
匈牙利	中东欧	30. 6361	3	一般型
俄罗斯	中东欧	19. 1097	4	较差型
韩国	东亚	18. 7500	5	较差型
印度	南亚	18. 6490	6	较差型
塞浦路斯	西亚	12. 6959	7	较差型
沙特阿拉伯	西亚	10. 2406	8	较差型
阿拉伯联合酋长国	西亚	9. 6280	9	较差型
以色列	西亚	7. 6836	10	抑制型
印度尼西亚	东南亚	7. 6211	11	抑制型
泰国	东南亚	6. 6267	12	抑制型
捷克	中东欧	5. 8566	13	抑制型
波兰	中东欧	5. 6660	14	抑制型

续表

国家	地区	指数	排名	分级类型
马来西亚	东南亚	5.5616	15	抑制型
越南	东南亚	3.9592	16	抑制型
土耳其	西亚	3.7818	17	抑制型
菲律宾	东南亚	3.6744	18	抑制型
南非	非洲	2.6257	19	抑制型
卡塔尔	西亚	2.5613	20	抑制型
罗马尼亚	中东欧	2.5045	21	抑制型
埃及	非洲	2.2670	22	抑制型
科威特	西亚	2.2327	23	抑制型
巴拿马	中美洲	2.0102	24	抑制型
埃塞俄比亚	非洲	1.9491	25	抑制型
哈萨克斯坦	中亚	1.6583	26	抑制型
乌克兰	中东欧	1.5729	27	抑制型
土库曼斯坦	中亚	1.4074	28	抑制型
爱沙尼亚	中东欧	1.3114	29	抑制型
新西兰	大洋洲	1.2950	30	抑制型
希腊	中东欧	1.2757	31	抑制型
阿塞拜疆	西亚	1.2702	32	抑制型
伊拉克	西亚	1.2198	33	抑制型
塞尔维亚	中东欧	1.0597	34	抑制型
阿曼	西亚	1.0343	35	抑制型
黎巴嫩	西亚	0.9858	36	抑制型
摩洛哥	非洲	0.9368	37	抑制型
保加利亚	中东欧	0.8983	38	抑制型
柬埔寨	东南亚	0.8983	39	抑制型
伊朗	西亚	0.8684	40	抑制型
斯洛文尼亚	中东欧	0.7515	41	抑制型

续表

国家	地区	指数	排名	分级类型
乌兹别克斯坦	中亚	0.6834	42	抑制型
孟加拉国	南亚	0.6393	43	抑制型
巴基斯坦	南亚	0.5656	44	抑制型
蒙古国	东亚	0.5527	45	抑制型
立陶宛	中东欧	0.5497	46	抑制型
斯洛伐克	中东欧	0.5172	47	抑制型
克罗地亚	中东欧	0.4759	48	抑制型
格鲁吉亚	西亚	0.4012	49	抑制型
缅甸	东南亚	0.3781	50	抑制型
白俄罗斯	中东欧	0.3184	51	抑制型
约旦	西亚	0.2962	52	抑制型
文莱	东南亚	0.2905	53	抑制型
巴林	西亚	0.2828	54	抑制型
拉脱维亚	中东欧	0.2726	55	抑制型
阿尔巴尼亚	中东欧	0.2723	56	抑制型
斯里兰卡	南亚	0.2289	57	抑制型
马尔代夫	南亚	0.1848	58	抑制型
马其顿	中东欧	0.1845	59	抑制型
老挝	东南亚	0.1522	60	抑制型
波黑	中东欧	0.1399	61	抑制型
也门	西亚	0.1349	62	抑制型
摩尔多瓦	中东欧	0.1302	63	抑制型
黑山	中东欧	0.1150	64	抑制型
尼泊尔	南亚	0.0992	65	抑制型
亚美尼亚	西亚	0.0894	66	抑制型
吉尔吉斯斯坦	中亚	0.0883	67	抑制型
阿富汗	西亚	0.0759	68	抑制型

续表

国家	地区	指数	排名	分级类型
塔吉克斯坦	中亚	0.0544	69	抑制型
东帝汶	东南亚	0.0120	70	抑制型
不丹	南亚	0.0047	71	抑制型

“一带一路”71国资本国际流动能力评价分级类型的地理空间聚集特征见表6-6。

表6-6　“一带一路”71国资本国际流动能力评价分级类型的地理空间聚集特征

国家	分级类型	地理空间聚集特征
中国	活跃型（1个国家）	东亚地区
新加坡	良好型（1个国家）	东南亚地区
匈牙利	一般型（1个国家）	中东欧地区
俄罗斯、韩国、印度、塞浦路斯、沙特阿拉伯、阿拉伯联合酋长国	较差型（6个国家）	该类型国家除阿拉伯联合酋长国和沙特阿拉伯2国相连外，其余4国分布在东亚、中东欧、西亚、南亚地区；无聚集特征
以色列、印度尼西亚、泰国、捷克、波兰、马来西亚、越南、土耳其、菲律宾、南非、卡塔尔、罗马尼亚、埃及、科威特、巴拿马、埃塞俄比亚、哈萨克斯坦、乌克兰、土库曼斯坦、爱沙尼亚、新西兰、希腊、阿塞拜疆、伊拉克、塞尔维亚、阿曼、黎巴嫩、摩洛哥、保加利亚、柬埔寨、伊朗、斯洛文尼亚、乌兹别克斯坦、孟加拉国、巴基斯坦、蒙古国、立陶宛、斯洛伐克、克罗地亚、格鲁吉亚、缅甸、白俄罗斯、约旦、文莱、巴林、拉脱维亚、阿尔巴尼亚、斯里兰卡、马尔代夫、马其顿、老挝、波黑、也门、摩尔多瓦、黑山、尼泊尔、亚美尼亚、吉尔吉斯斯坦、阿富汗、塔吉克斯坦、东帝汶、不丹	抑制型（62个国家）	该类型国家空间聚集特征十分明显，横跨欧亚大陆，除非洲4国及新西兰、巴拿马外，囊括了西亚15国、东南亚10国、南亚6国、中亚5国和蒙古国、中东欧19国，几乎做到全覆盖

二、“一带一路”71 国资本国际融合度评价

“一带一路”71 国资本国际融合度评价见图 6-3。

国家	排名	指数
中国	1	91.0162
韩国	2	82.9309
泰国	3	80.2314
埃塞俄比亚	4	80.0944
印度	5	79.1153
摩洛哥	6	77.6300
埃及	7	76.7384
新加坡	8	76.1613
马来西亚	9	76.0157
南非	10	75.9648
缅甸	11	74.6762
孟加拉国	12	74.6071
伊拉克	13	74.1040
伊朗	14	73.6579
卡塔尔	15	73.5264
尼泊尔	16	72.8952
马尔代夫	17	72.4945
菲律宾	18	72.3148
越南	19	72.1376
巴基斯坦	20	70.8289
约旦	21	69.9028
克罗地亚	22	69.8007
新西兰	23	69.7445
阿尔巴尼亚	24	69.2785
文莱	25	69.1232
以色列	26	68.9039
印度尼西亚	27	68.7771
匈牙利	28	68.4364
捷克	29	67.9364
阿拉伯联合酋长国	30	67.4896
波兰	31	67.1512
摩尔多瓦	32	66.3983
爱沙尼亚	33	65.8318
土耳其	34	65.5513
立陶宛	35	65.4953
拉脱维亚	36	65.1767
斯洛文尼亚	37	65.1384
阿塞拜疆	38	65.0268
东帝汶	39	64.9701
巴拿马	40	64.8646
阿富汗	41	64.6207
保加利亚	42	64.2069
斯里兰卡	43	63.9766
乌克兰	44	63.6170
沙特阿拉伯	45	63.5312
斯洛伐克	46	63.1617
罗马尼亚	47	62.2940
马其顿	48	62.1857
波黑	49	62.0497
老挝	50	61.9622
科威特	51	61.8955
阿曼	52	61.7012
也门	53	61.3134
亚美尼亚	54	60.9031
俄罗斯	55	60.5554
巴林	56	59.5197
塞尔维亚	57	59.4516
柬埔寨	58	58.9410
格鲁吉亚	59	56.7982
不丹	60	54.1384
黎巴嫩	61	53.7841
白俄罗斯	62	52.1916
土库曼斯坦	63	46.7052
黑山	64	46.1967
塞浦路斯	65	46.1601
吉尔吉斯斯坦	66	43.7930
希腊	67	42.0453
塔吉克斯坦	68	36.0426
乌兹别克斯坦	69	35.6199
哈萨克斯坦	70	33.9237
蒙古国	71	23.0262

图 6-3　“一带一路”71 国资本国际融合度评价排名

“一带一路”71 国资本国际融合度排名及分级类型见表 6-7。

表 6-7 “一带一路”71 国资本国际融合度排名及分级类型

国家	地区	指数	排名	分级类型
中国	东亚	91.0162	1	高等型
韩国	东亚	82.9309	2	高等型
泰国	东南亚	80.2314	3	高等型
埃塞俄比亚	非洲	80.0944	4	高等型
印度	南亚	79.1153	5	高等型
摩洛哥	非洲	77.6300	6	高等型
埃及	非洲	76.7384	7	中高型
新加坡	东南亚	76.1613	8	中高型
马来西亚	东南亚	76.0157	9	中高型
南非	非洲	75.9648	10	中高型
缅甸	东南亚	74.6762	11	中高型
孟加拉国	南亚	74.6071	12	中高型
伊拉克	西亚	74.1040	13	中高型
伊朗	西亚	73.6579	14	中高型
卡塔尔	西亚	73.5264	15	中高型
尼泊尔	南亚	72.8952	16	中高型
马尔代夫	南亚	72.4945	17	中高型
菲律宾	东南亚	72.3148	18	中高型
越南	东南亚	72.1376	19	中高型
巴基斯坦	南亚	70.8289	20	中高型
约旦	西亚	69.9028	21	中高型
克罗地亚	中东欧	69.8007	22	中高型
新西兰	大洋洲	69.7445	23	中高型
阿尔巴尼亚	中东欧	69.2785	24	中高型
文莱	东南亚	69.1232	25	中高型
以色列	西亚	68.9039	26	中高型
印度尼西亚	东南亚	68.7771	27	中高型
匈牙利	中东欧	68.4364	28	中高型
捷克	中东欧	67.9364	29	中高型
阿拉伯联合酋长国	西亚	67.4896	30	中高型

续表

国家	地区	指数	排名	分级类型
波兰	中东欧	67. 1512	31	中高型
摩尔多瓦	中东欧	66. 3983	32	中等型
爱沙尼亚	中东欧	65. 8318	33	中等型
土耳其	西亚	65. 5513	34	中等型
立陶宛	中东欧	65. 4953	35	中等型
拉脱维亚	中东欧	65. 1767	36	中等型
斯洛文尼亚	中东欧	65. 1384	37	中等型
阿塞拜疆	西亚	65. 0268	38	中等型
东帝汶	东南亚	64. 9701	39	中等型
巴拿马	中美洲	64. 8646	40	中等型
阿富汗	西亚	64. 6207	41	中等型
保加利亚	中东欧	64. 2069	42	中等型
斯里兰卡	南亚	63. 9766	43	中等型
乌克兰	中东欧	63. 6170	44	中等型
沙特阿拉伯	西亚	63. 5312	45	中等型
斯洛伐克	中东欧	63. 1617	46	中等型
罗马尼亚	中东欧	62. 2940	47	中等型
马其顿	中东欧	62. 1857	48	中等型
波黑	中东欧	62. 0497	49	中等型
老挝	东南亚	61. 9622	50	中等型
科威特	西亚	61. 8955	51	中等型
阿曼	西亚	61. 7012	52	中等型
也门	西亚	61. 3134	53	中等型
亚美尼亚	西亚	60. 9031	54	中等型
俄罗斯	中东欧	60. 5554	55	中等型
巴林	西亚	59. 5197	56	中等型
塞尔维亚	中东欧	59. 4516	57	中等型
柬埔寨	东南亚	58. 9410	58	中等型
格鲁吉亚	西亚	56. 7982	59	中等型
不丹	南亚	54. 1384	60	中等型
黎巴嫩	西亚	53. 7841	61	中等型
白俄罗斯	中东欧	52. 1916	62	中等型

续表

国家	地区	指数	排名	分级类型
土库曼斯坦	中亚	46.7052	63	中低型
黑山	中东欧	46.1967	64	中低型
塞浦路斯	西亚	46.1601	65	中低型
吉尔吉斯斯坦	中亚	43.7930	66	中低型
希腊	中东欧	42.0453	67	中低型
塔吉克斯坦	中亚	36.0426	68	中低型
乌兹别克斯坦	中亚	35.6199	69	中低型
哈萨克斯坦	中亚	33.9237	70	中低型
蒙古国	东亚	23.0262	71	低等型

“一带一路”71国资本国际融合度综合评价分级类型的地理空间聚集特征见表6-8。

表6-8 “一带一路”71国资本国际融合度综合评价分级类型的地理空间聚集特征

国家	分级类型	地理空间聚集特征
中国、韩国、泰国、埃塞俄比亚、印度、摩洛哥	高等型（6个国家）	该类型国家分布在不同地区，无聚集特征
埃及、新加坡、马来西亚、南非、缅甸、孟加拉国、伊拉克、伊朗、卡塔尔、尼泊尔、马尔代夫、菲律宾、越南、巴基斯坦、约旦、克罗地亚、新西兰、阿尔巴尼亚、文莱、以色列、印度尼西亚、匈牙利、捷克、阿拉伯联合酋长国、波兰	中高型（25个国家）	该类型国家大多表现为小块状的空间聚集，具体表现为：①西亚的阿拉伯联合酋长国与卡塔尔、伊拉克和伊朗、以色列和约旦；②中东欧的捷克和波兰、匈牙利和克罗地亚；③南亚4国；④东南亚7国等均属此类型 另外，非洲2国及新西兰和阿尔巴尼亚不相连，无聚集特征
摩尔多瓦、爱沙尼亚、土耳其、立陶宛、拉脱维亚、斯洛文尼亚、阿塞拜疆、东帝汶、巴拿马、阿富汗、保加利亚、斯里兰卡、乌克兰、沙特阿拉伯、斯洛伐克、罗马尼亚、马其顿、波黑、老挝、科威特、阿曼、也门、亚美尼亚、俄罗斯、巴林、塞尔维亚、柬埔寨、格鲁吉亚、不丹、黎巴嫩、白俄罗斯	中等型（31个国家）	该类型国家空间聚集特征十分明显，主要表现为：①西亚11国南北一线分布；②中东欧14国呈南北纵向分布；③东南亚3国呈小片分布 此外，巴拿马、斯里兰卡、不丹3国零星散落在不同地区，无聚集特征

续表

国家	分级类型	地理空间聚集特征
土库曼斯坦、黑山、塞浦路斯、吉尔吉斯斯坦、希腊、塔吉克斯坦、乌兹别克斯坦、哈萨克斯坦	中低型（8 个国家）	该类型国家表现为中亚 5 国存在空间聚集特征；其他 3 国散落在不同地区，无聚集特征
蒙古国	低等型（1 个国家）	东亚地区

第七章
“一带一路”国家2020年与2019年经济社会发展综合评价比较

本章是对“一带一路”71国2020年与2019年经济社会发展的综合评价比较。其主要从经济社会发展综合评价排名、经济社会发展综合评价分级类型及从地区角度对各国的经济社会发展综合水平分类评价三个方面进行了比较，旨在使我们能够对“一带一路”国家经济社会发展变化情况有一个宏观的、动态的了解和认识。

第一节 “一带一路”国家经济社会发展综合评价排名比较

本节对“一带一路”71国2020年与2019年经济社会发展综合评价排名及涨跌值变化进行了比较，并进一步显示了部分国家综合评价排名涨跌值变化大的主要原因。

一、“一带一路”71国2020年与2019年经济社会发展综合评价排名变化情况

“一带一路”71国2020年与2019年经济社会发展综合评价排名及涨跌值变化总体比较见表7-1。

表7-1 “一带一路”71国2020年与2019年经济社会发展综合评价排名及涨跌值变化总体比较

国家	地区	2020年	2019年	涨跌值变化①
韩国	东亚	1	1	—
中国	东亚	2	2	—
阿拉伯联合酋长国	西亚	3	3	—
以色列	西亚	4	5	—
卡塔尔	西亚	5	12	—
爱沙尼亚	中东欧	6	11	—
马来西亚	东南亚	7	6	—
新西兰	大洋洲	8	4	—
斯洛文尼亚	中东欧	9	9	—
新加坡	东南亚	10	8	—
科威特	西亚	11	23	↑
文莱	东南亚	12	19	—
巴拿马	中美洲	13	13	—
立陶宛	中东欧	14	15	—
拉脱维亚	中东欧	15	16	—
捷克	中东欧	16	10	—
塞浦路斯	西亚	17	46	↑↑
泰国	东南亚	18	7	↓
印度尼西亚	东南亚	19	34	↑

① 本文规定评价国2020年和2019年经济社会发展综合评价排名涨跌值在10以内的，用符号“—”表示，代表排名变化不大；排名涨跌值在“10~24”的，用符号“↑”或“↓”表示，代表排名变化较大；排名涨跌值在“25~34”的，用符号“↑↑”或“↓↓”表示，代表排名变化大；排名涨跌值在35及以上的用符号“↑↑↑”或者“↓↓↓”表示，代表排名变化很大。下文相同。

续表

国家	地区	2020 年	2019 年	涨跌值变化
斯洛伐克	中东欧	20	22	—
越南	东南亚	21	21	—
匈牙利	中东欧	22	67	↑↑↑
俄罗斯	中东欧	23	31	—
东帝汶	东南亚	24	26	—
波兰	中东欧	25	14	↓
马尔代夫	南亚	26	20	—
克罗地亚	中东欧	27	18	—
白俄罗斯	中东欧	28	57	↑↑
沙特阿拉伯	西亚	29	17	↓
阿曼	西亚	30	42	↑
菲律宾	东南亚	31	38	—
尼泊尔	南亚	32	24	—
阿尔巴尼亚	中东欧	33	50	↑
孟加拉国	南亚	34	37	—
不丹	南亚	35	36	—
摩洛哥	非洲	36	27	—
保加利亚	中东欧	37	33	—
柬埔寨	东南亚	38	40	—
约旦	西亚	39	49	↑
埃及	非洲	40	25	↓
亚美尼亚	西亚	41	47	—
土库曼斯坦	中亚	42	35	—
摩尔多瓦	中东欧	43	44	—
马其顿	中东欧	44	41	—
伊朗	西亚	45	55	↑
乌克兰	中东欧	46	30	↓
罗马尼亚	中东欧	47	29	↓
伊拉克	西亚	48	59	↑
波黑	中东欧	49	51	—
南非	非洲	50	28	↓

续表

国家	地区	2020年	2019年	涨跌值变化
希腊	中东欧	51	54	—
阿塞拜疆	西亚	52	56	—
老挝	东南亚	53	39	↓
塞尔维亚	中东欧	54	48	—
吉尔吉斯斯坦	中亚	55	52	—
缅甸	东南亚	56	45	↓
印度	南亚	57	58	—
黑山	中东欧	58	43	↓
黎巴嫩	西亚	59	60	—
格鲁吉亚	西亚	60	32	↓↓
斯里兰卡	南亚	61	53	—
巴林	西亚	62	66	—
乌兹别克斯坦	中亚	63	71	—
哈萨克斯坦	中亚	64	61	—
埃塞俄比亚	非洲	65	65	—
土耳其	西亚	66	62	—
也门	西亚	67	69	—
塔吉克斯坦	中亚	68	70	—
蒙古国	东亚	69	64	—
阿富汗	西亚	70	68	—
巴基斯坦	南亚	71	63	—

不难看出，排名变化涨跌值较大及以上的有21个国家，其中，涨跌值变化差额在15及以上的有11个国家。

二、“一带一路”11国2020年与2019年经济社会发展综合评价排名变化的主要原因

“一带一路”11国2020年与2019年经济社会发展综合评价排名变化见表7-2。

表7-2 “一带一路”11国2020年与2019年经济社会发展综合评价排名及涨跌值变化比较

国家	经济社会发展综合评价对比			三大子系统评价对比								
				经济社会可持续发展			竞争力			开放度		
	2020年	2019年	涨跌值变化	2020年	2019年	涨跌值变化	2020年	2019年	涨跌值变化	2020年	2019年	涨跌值变化
科威特	11	23	↑	28	31	—	2	12	↑	49	50	—
塞浦路斯	17	46	↑↑	8	14	—	6	45	↑↑↑	63	65	—
印度尼西亚	19	34	↑	38	47	—	13	38	↑↑	26	28	—
匈牙利	22	67	↑↑↑	7	36	↑↑	61	71	↑	21	20	—
白俄罗斯	28	57	↑↑	17	28	↑	22	63	↑↑↑	62	64	—
阿尔巴尼亚	33	50	↑	37	39	—	38	65	↑↑	27	19	—
埃及	40	25	↓	55	55	—	50	28	↓	8	8	—
罗马尼亚	47	29	↓	19	16	—	66	54	↓	47	46	—
南非	50	28	↓	61	65	—	48	10	↓↓↓	10	10	—
黑山	58	43	↓	23	19	—	63	56	—	65	63	—
格鲁吉亚	60	32	↓↓	42	35	—	67	24	↓↓↓	59	58	—

表7-2中显示了“一带一路”11国在2020年与2019年经济社会发展综合评价排名对比涨跌值在15及以上的主要原因。

第二节　“一带一路”国家经济社会发展综合评价分级类型比较

表 7-3 是对“一带一路”国家 2020 年与 2019 年经济社会发展综合评价分级类型的比较。

表 7-3　“一带一路”国家 2020 年与 2019 年经济社会发展综合评价分级类型比较

2020 年		2019 年	
国　家	分级类型	国　家	分级类型
韩国	卓越型（5 国）	韩国	卓越型（2 国）
中国		中国	
阿拉伯联合酋长国		阿拉伯联合酋长国	良好型（21 国）
以色列		新西兰	
卡塔尔		以色列	
爱沙尼亚	良好型（28 国）	马来西亚	
马来西亚		新加坡	
新西兰		泰国	
斯洛文尼亚		斯洛文尼亚	
新加坡		捷克	
科威特		爱沙尼亚	
文莱		卡塔尔	
巴拿马		巴拿马	
立陶宛		波兰	
拉脱维亚		立陶宛	
捷克		拉脱维亚	
塞浦路斯		沙特阿拉伯	
泰国		克罗地亚	
印度尼西亚		文莱	
斯洛伐克		马尔代夫	
越南		越南	
匈牙利		斯洛伐克	

续表

2020年		2019年	
国　家	分级类型	国　家	分级类型
俄罗斯	良好型（28国）	科威特	良好型（21国）
东帝汶		尼泊尔	中等型（30国）
波兰		埃及	
马尔代夫		东帝汶	
克罗地亚		摩洛哥	
白俄罗斯		南非	
沙特阿拉伯		罗马尼亚	
阿曼		乌克兰	
菲律宾		俄罗斯	
尼泊尔		格鲁吉亚	
阿尔巴尼亚		保加利亚	
孟加拉国	中等型（22国）	印度尼西亚	
不丹		土库曼斯坦	
摩洛哥		不丹	
保加利亚		孟加拉国	
柬埔寨		菲律宾	
约旦		老挝	
埃及		柬埔寨	
亚美尼亚		马其顿	
土库曼斯坦		阿曼	
摩尔多瓦		黑山	
马其顿		摩尔多瓦	
伊朗		缅甸	
乌克兰		塞浦路斯	
罗马尼亚		亚美尼亚	
伊拉克		塞尔维亚	
波黑		约旦	
南非		阿尔巴尼亚	
希腊		波黑	
阿塞拜疆		吉尔吉斯斯坦	

续表

2020年		2019年	
国　家	分级类型	国　家	分级类型
老挝	中等型（22国）	斯里兰卡	中等型（30国）
塞尔维亚		希腊	一般型（14国）
吉尔吉斯斯坦		伊朗	
缅甸	一般型（12国）	阿塞拜疆	
印度		白俄罗斯	
黑山		印度	
黎巴嫩		伊拉克	
格鲁吉亚		黎巴嫩	
斯里兰卡		哈萨克斯坦	
巴林		土耳其	
乌兹别克斯坦		巴基斯坦	
哈萨克斯坦		蒙古国	
埃塞俄比亚		埃塞俄比亚	
土耳其		巴林	
也门		匈牙利	
塔吉克斯坦	缓慢型（4国）	阿富汗	缓慢型（4国）
蒙古国		也门	
阿富汗		塔吉克斯坦	
巴基斯坦		乌兹别克斯坦	

第三节　“一带一路”国家经济社会发展综合水平分类评价地区比较

表7-4是对“一带一路”国家2020年与2019年经济社会发展总体水平分类评价从地区角度进行的比较，旨在了解“一带一路”国家在不同年份、不同地区的经济社会发展总体情况。

表 7-4 “一带一路”国家 2020 年与 2019 年经济社会发展综合评价地区比较

单位：个

地区	分级类型									
	卓越型		良好型		中等型		一般型		缓慢型	
	2020 年	2019 年	2020 年	2019 年	2020 年	2019 年	2020 年	2019 年	2020 年	2019 年
东亚（3 国）	2	2						1	1	
东南亚（11 国）			8	5	2	6	1			
南亚（7 国）			2	1	2	4	2	2	1	
西亚（18 国）	3		4	5	5	5	5	6	1	2
中亚（5 国）					2	2	2	1	1	2
中东欧（21 国）			12	8	8	10	1	3		
非洲（4 国）					3	3	1	1		
大洋洲（1 国）			1	1						
中美洲（1 国）			1	1						
合计	5	2	28	21	22	30	12	14	4	4

第八章
“一带一路”国家 2020 年与 2019 年经济社会发展子系统评价比较

本章是对“一带一路”国家 2020 年与 2019 年经济社会发展子系统进行的比较。经济社会发展子系统主要包括经济社会可持续发展、竞争力和开放度三大子系统。通过比较，我们能从不同的角度对“一带一路”国家经济社会发展变化有更加深入的了解和动态的把握与认知。

第一节 “一带一路”国家经济社会可持续发展子系统评价比较

本节主要从综合评价排名、综合评价分类以及从地区角度对综合评价分类比较三个方面对“一带一路”国家 2020 年与 2019 年经济社会可持续发展子系统进行比较，旨在能够对“一带一路”国家 2020 年与 2019 年经济社会可持续发展状况有一个动态的了解。

一、“一带一路”国家 2020 年与 2019 年经济社会可持续发展综合评价排名比较

“一带一路”国家 2020 年与 2019 年经济社会可持续发展综合评价排名比较见表 8-1。

表 8-1 “一带一路”国家 2020 年与 2019 年经济社会可持续发展综合评价排名及涨跌值变化比较

国家	地区	2020 年	2019 年	涨跌值变化①
韩国	东亚	1	1	—
斯洛文尼亚	中东欧	2	2	—
爱沙尼亚	中东欧	3	3	—
阿拉伯联合酋长国	西亚	4	8	—
捷克	中东欧	5	5	—
新西兰	大洋洲	6	4	—
匈牙利	中东欧	7	36	↑↑
塞浦路斯	西亚	8	14	—
以色列	西亚	9	10	—
卡塔尔	西亚	10	11	—
斯洛伐克	中东欧	11	6	—
波兰	中东欧	12	9	—
克罗地亚	中东欧	13	17	—
立陶宛	中东欧	14	15	—
马来西亚	东南亚	15	18	—
巴拿马	中美洲	16	12	—
白俄罗斯	中东欧	17	28	↑
拉脱维亚	中东欧	18	13	—
罗马尼亚	中东欧	19	16	—
中国	东亚	20	20	—

① 本文规定评价国 2020 年和 2019 年经济社会可持续发展综合评价排名涨跌值在 10 以内的，用符号“—”表示，代表排名变化不大；排名涨跌值在“10~24”的，用符号“↑”或“↓”表示，代表排名变化较大；排名涨跌值在“25~34”的，用符号“↑↑”或“↓↓”表示，代表排名变化大；排名涨跌值在 35 及以上的用符号“↑↑↑”或者“↓↓↓”表示，代表排名变化很大。下文相同。

续表

国家	地区	2020年	2019年	涨跌值变化
文莱	东南亚	21	27	—
保加利亚	中东欧	22	21	—
黑山	中东欧	23	19	—
沙特阿拉伯	西亚	24	7	↓
俄罗斯	中东欧	25	23	—
土库曼斯坦	中亚	26	22	—
哈萨克斯坦	中亚	27	25	—
科威特	西亚	28	31	—
希腊	中东欧	29	26	—
马其顿	中东欧	30	30	—
亚美尼亚	西亚	31	33	—
波黑	中东欧	32	29	—
乌兹别克斯坦	中亚	33	37	—
斯里兰卡	南亚	34	34	—
约旦	西亚	35	42	—
不丹	南亚	36	46	↑
阿尔巴尼亚	中东欧	37	39	—
印度尼西亚	东南亚	38	47	—
东帝汶	东南亚	39	60	↑
泰国	东南亚	40	43	—
土耳其	西亚	41	24	↓
格鲁吉亚	西亚	42	35	—
塞尔维亚	中东欧	43	40	—
乌克兰	中东欧	44	32	↓
阿曼	西亚	45	41	—
柬埔寨	东南亚	46	44	—
越南	东南亚	47	48	—
摩尔多瓦	中东欧	48	45	—
菲律宾	东南亚	49	52	—
孟加拉国	南亚	50	50	—
吉尔吉斯斯坦	中亚	51	53	—
摩洛哥	非洲	52	57	—
马尔代夫	南亚	53	49	—

续表

国家	地区	2020 年	2019 年	涨跌值变化
蒙古国	东亚	54	38	↓
埃及	非洲	55	55	—
新加坡	东南亚	56	54	—
黎巴嫩	西亚	57	51	—
缅甸	东南亚	58	58	—
尼泊尔	南亚	59	61	—
塔吉克斯坦	中亚	60	62	—
南非	非洲	61	65	—
伊朗	西亚	62	56	—
阿塞拜疆	西亚	63	63	—
老挝	东南亚	64	59	—
巴基斯坦	南亚	65	64	—
伊拉克	西亚	66	66	—
印度	南亚	67	67	—
也门	西亚	68	70	—
阿富汗	西亚	69	69	—
巴林	西亚	70	68	—
埃塞俄比亚	非洲	71	71	—

不难看出，排名变化涨跌值较大及以上的有 8 个国家，其中，涨跌值变化差额在 15 以上的有 4 个国家。

表 8-2 “一带一路”4 国 2020 年与 2019 年经济社会可持续发展综合评价排名及涨跌值变化比较

国家	经济社会可持续发展综合评价对比			一级指标评价对比								
				经济可持续发展			社会可持续发展			资源环境可持续发展		
	2020 年	2019 年	涨跌值变化	2020 年	2019 年	涨跌值变化	2020 年	2019 年	涨跌值变化	2020 年	2019 年	涨跌值变化
匈牙利	7	36	↑↑	8	70	↑↑↑	19	18	—	13	11	—
沙特阿拉伯	24	7	↓	17	9	—	16	15	—	55	17	↓↓↓
东帝汶	39	60	↑	9	58	↑↑↑	59	55	—	45	48	—
土耳其	41	24	↓	56	44	↓	48	46	—	17	19	—

表 8-2 显示了影响“一带一路”4 国 2020 年与 2019 年经济社会可持续发展综合评价排名对比涨跌值变化大的主要原因。

二、“一带一路”国家 2020 年与 2019 年经济社会可持续发展综合评价分类比较

“一带一路”国家 2020 年与 2019 年经济社会可持续发展综合评价分类比较见表 8-3。

表 8-3 “一带一路”国家 2020 年与 2019 年经济社会可持续发展综合评价分类比较

2020 年		2019 年	
国　家	分级类型	国　家	分级类型
韩国	卓越型（21 国）	韩国	卓越型（20 国）
斯洛文尼亚		斯洛文尼亚	
爱沙尼亚		爱沙尼亚	
阿拉伯联合酋长国		新西兰	
捷克		捷克	
新西兰		斯洛伐克	
匈牙利		沙特阿拉伯	
塞浦路斯		阿拉伯联合酋长国	
以色列		波兰	
卡塔尔		以色列	
斯洛伐克		卡塔尔	
波兰		巴拿马	
克罗地亚		拉脱维亚	
立陶宛		塞浦路斯	
马来西亚		立陶宛	
巴拿马		罗马尼亚	
白俄罗斯		克罗地亚	
拉脱维亚		马来西亚	
罗马尼亚		黑山	
中国		中国	
文莱		保加利亚	中上型（30 国）
保加利亚	中上型（15 国）	土库曼斯坦	
黑山		俄罗斯	
沙特阿拉伯		土耳其	

续表

2020 年		2019 年	
国　家	分级类型	国　家	分级类型
俄罗斯		哈萨克斯坦	
土库曼斯坦		希腊	
哈萨克斯坦		文莱	
科威特		白俄罗斯	
希腊		波黑	
马其顿	中上型（15 国）	马其顿	
亚美尼亚		科威特	
波黑		乌克兰	
乌兹别克斯坦		亚美尼亚	
斯里兰卡		斯里兰卡	
约旦		格鲁吉亚	
不丹		匈牙利	
阿尔巴尼亚		乌兹别克斯坦	中上型（30 国）
印度尼西亚		蒙古国	
东帝汶		阿尔巴尼亚	
泰国		塞尔维亚	
土耳其		阿曼	
格鲁吉亚		约旦	
塞尔维亚		泰国	
乌克兰		柬埔寨	
阿曼	中等型（21 国）	摩尔多瓦	
柬埔寨		不丹	
越南		印度尼西亚	
摩尔多瓦		越南	
菲律宾		马尔代夫	
孟加拉国		孟加拉国	
吉尔吉斯斯坦		黎巴嫩	
摩洛哥		菲律宾	中等型（15 国）
马尔代夫		吉尔吉斯斯坦	
蒙古国		新加坡	

续表

2020 年		2019 年	
国　家	分级类型	国　家	分级类型
埃及		埃及	
新加坡	中等型（21 国）	伊朗	
黎巴嫩		摩洛哥	
缅甸		缅甸	
尼泊尔		老挝	
塔吉克斯坦		东帝汶	中等型（15 国）
南非		尼泊尔	
伊朗		塔吉克斯坦	
阿塞拜疆		阿塞拜疆	
老挝	中下型（13 国）	巴基斯坦	
巴基斯坦		南非	
伊拉克		伊拉克	
印度		印度	
也门		巴林	中下型（5 国）
阿富汗		阿富汗	
巴林		也门	
埃塞俄比亚	低水平（1 国）	埃塞俄比亚	低水平（1 国）

三、“一带一路”国家 2020 年与 2019 年经济社会可持续发展综合评价地区比较

“一带一路”国家 2020 年与 2019 年经济社会可持续发展综合评价地区比较见表 8-4。

表 8-4 “一带一路”国家 2020 年与 2019 年经济社会可持续发展综合评价地区比较

单位：个

地区	分级类型									
	卓越型		中上型		中等型		中下型		低水平	
	2020 年	2019 年	2020 年	2019 年	2020 年	2019 年	2020 年	2019 年	2020 年	2019 年
东亚（3 国）	2	2		1	1					

续表

地区	分级类型									
	卓越型		中上型		中等型		中下型		低水平	
	2020 年	2019 年	2020 年	2019 年	2020 年	2019 年	2020 年	2019 年	2020 年	2019 年
东南亚（11 国）	2	1		5	7	5	2			
南亚（7 国）			2	4	2	2	3	1		
西亚（18 国）	4	5	4	6	4	3	6	4		
中亚（5 国）			3	3	1	2	1			
中东欧（21 国）	11	10	6	11	4					
非洲（4 国）					2	3	1		1	1
大洋洲（1 国）	1	1								
中美洲（1 国）	1	1								
合计	21	20	15	30	21	15	13	5	1	1

第二节 “一带一路”国家经济社会发展竞争力子系统评价比较

本节主要从综合评价排名变化、综合评价分类以及从地区角度对综合评价分类比较三个方面对“一带一路”国家 2020 年与 2019 年的经济社会发展竞争力子系统进行比较，旨在能够对“一带一路”国家 2020 年与 2019 年经济社会发展竞争力子系统发展状况有一个动态的了解。

一、“一带一路”国家 2020 年与 2019 年经济社会发展竞争力综合评价排名比较

“一带一路”国家 2020 年与 2019 年经济社会发展竞争力综合评价排名比较见表 8-5。

表 8-5　“一带一路”国家 2020 年与 2019 年经济社会发展竞争力综合评价排名及涨跌值变化比较

国家	地区	2020 年	2019 年	涨跌值变化①
阿拉伯联合酋长国	西亚	1	2	—
科威特	西亚	2	12	↑
以色列	西亚	3	4	—
韩国	东亚	4	1	—
新加坡	东南亚	5	3	—
塞浦路斯	西亚	6	45	↑↑↑
中国	东亚	7	6	—
卡塔尔	西亚	8	30	↑
尼泊尔	南亚	9	9	—
阿曼	西亚	10	37	↑↑
爱沙尼亚	中东欧	11	22	↑
东帝汶	东南亚	12	7	—
印度尼西亚	东南亚	13	38	↑↑
不丹	南亚	14	13	—
文莱	东南亚	15	20	—
越南	东南亚	16	16	—
马来西亚	东南亚	17	21	—
马尔代夫	南亚	18	14	—

① 本文规定评价国 2020 年和 2019 年经济社会发展竞争力综合评价排名涨跌值在 10 以内的，用符号“—”表示，代表排名变化不大；排名涨跌值在“10~24”的，用符号“↑”或“↓”表示，代表排名变化较大；排名涨跌值在“25~34”的，用符号“↑↑”或“↓↓”表示，代表排名变化大；排名涨跌值在 35 及以上的用符号“↑↑↑”或者“↓↓↓”表示，代表排名变化很大。下文相同。

续表

国家	地区	2020 年	2019 年	涨跌值变化
斯洛文尼亚	中东欧	19	17	—
俄罗斯	中东欧	20	40	↑
新西兰	大洋洲	21	5	↓
白俄罗斯	中东欧	22	63	↑↑↑
巴拿马	中美洲	23	18	—
巴林	西亚	24	33	—
埃塞俄比亚	非洲	25	19	—
吉尔吉斯斯坦	中亚	26	15	↓
拉脱维亚	中东欧	27	29	—
柬埔寨	东南亚	28	31	—
立陶宛	中东欧	29	26	—
伊拉克	西亚	30	44	↑
希腊	中东欧	31	27	—
老挝	东南亚	32	11	↓
土库曼斯坦	中亚	33	25	—
菲律宾	东南亚	34	39	—
泰国	东南亚	35	8	↓↓
阿塞拜疆	西亚	36	47	↑
斯洛伐克	中东欧	37	43	—
阿尔巴尼亚	中东欧	38	65	↑↑
沙特阿拉伯	西亚	39	36	—
伊朗	西亚	40	68	↑↑
孟加拉国	南亚	41	48	—
捷克	中东欧	42	23	↓
摩尔多瓦	中东欧	43	53	↑
亚美尼亚	西亚	44	52	—
乌克兰	中东欧	45	42	—
摩洛哥	非洲	46	32	↓
黎巴嫩	西亚	47	61	↑
南非	非洲	48	10	↓↓↓
波兰	中东欧	49	34	↓

续表

国家	地区	2020年	2019年	涨跌值变化
埃及	非洲	50	28	↓
蒙古国	东亚	51	35	↓
印度	南亚	52	60	—
马其顿	中东欧	53	46	—
约旦	西亚	54	64	↑
塔吉克斯坦	中亚	55	55	—
乌兹别克斯坦	中亚	56	70	↑
也门	西亚	57	62	—
克罗地亚	中东欧	58	41	↓
塞尔维亚	中东欧	59	51	—
保加利亚	中东欧	60	49	↓
匈牙利	中东欧	61	71	↑
波黑	中东欧	62	59	—
黑山	中东欧	63	56	—
哈萨克斯坦	中亚	64	57	—
缅甸	东南亚	65	50	↓
罗马尼亚	中东欧	66	54	↓
格鲁吉亚	西亚	67	24	↓↓↓
阿富汗	西亚	68	58	↓
斯里兰卡	南亚	69	67	—
土耳其	西亚	70	69	—
巴基斯坦	南亚	71	66	—

不难看出，排名涨跌值变化较大及以上的有33个国家，其中，涨跌值变化差额在15以上的有17个国家。

表8-6显示了"一带一路"17国2020年与2019年经济社会发展竞争力综合评价排名对比涨跌值变化大的原因。

表 8-6 影响“一带一路”17 国 2020 年与 2019 年经济社会发展竞争力综合评价排名及涨跌值变化比较

国家	经济社会发展竞争力综合评价对比			一级指标评价对比								
				劳动力竞争力			资本竞争力			技术创新竞争力		
	2020 年	2019 年	涨跌值变化	2020 年	2019 年	涨跌值变化	2020 年	2019 年	涨跌值变化	2020 年	2019 年	涨跌值变化
塞浦路斯	6	45	↑↑↑	7	7	—	6	66	↑↑↑	46	49	—
卡塔尔	8	30	↑	25	23	—	10	58	↑↑↑	20	21	—
阿曼	10	37	↑↑	17	52	↑↑↑	16	11	—	69	71	—
印度尼西亚	13	38	↑↑	20	25	—	14	56	↑↑↑	64	58	—
俄罗斯	20	40	↑	14	29	↑	41	60	↑	15	15	—
新西兰	21	5	↓	3	3	—	48	41	—	26	12	↓
白俄罗斯	22	63	↑↑↑	10	15	—	43	68	↑↑	35	39	—
老挝	32	11	↓	18	13	—	45	9	↓↓↓	32	53	↑
泰国	35	8	↓↓	31	8	↓	38	12	↓↓	30	31	—
阿尔巴尼亚	38	65	↑↑	42	63	↑	30	62	↑↑	56	56	—
伊朗	40	68	↑↑	44	42	—	37	67	↑↑	27	30	—
捷克	42	23	↓	38	17	↓	51	55	—	9	7	—
南非	48	10	↓↓↓	15	22	—	62	6	↓↓↓	43	37	—
埃及	50	28	↓	35	32	—	56	21	↓↓↓	47	35	↓
蒙古国	51	35	↓	11	33	↑	64	26	↓↓↓	65	59	—
克罗地亚	58	41	↓	50	49	—	57	28	↓↓	24	29	—
格鲁吉亚	67	24	↓↓↓	30	24	—	69	25	↓↓↓	45	33	↓

二、“一带一路”国家 2020 年与 2019 年经济社会发展竞争力综合评价分类比较

一带一路”国家 2020 年与 2019 年经济社会发展竞争力综合评价分类比较见表 8-7。

表 8-7　“一带一路”国家 2020 年与 2019 年经济社会发展竞争力综合评价分类比较

2020 年		2019 年	
国　家	分级类型	国　家	分级类型
韩国	卓越型（7 国）	韩国	卓越型（15 国）
中国		阿拉伯联合酋长国	
阿拉伯联合酋长国		新加坡	
以色列		以色列	
卡塔尔		新西兰	
爱沙尼亚		中国	
马来西亚		东帝汶	
新西兰	优良型（33 国）	泰国	
斯洛文尼亚		尼泊尔	
新加坡		南非	
科威特		老挝	
文莱		科威特	
巴拿马		不丹	
立陶宛		马尔代夫	
拉脱维亚		吉尔吉斯斯坦	
捷克		越南	优良型（30 国）
塞浦路斯		斯洛文尼亚	
泰国		巴拿马	
印度尼西亚		埃塞俄比亚	
斯洛伐克		文莱	
越南		马来西亚	
匈牙利		爱沙尼亚	
俄罗斯		捷克	
东帝汶		格鲁吉亚	
波兰		土库曼斯坦	
马尔代夫		立陶宛	
克罗地亚		希腊	
白俄罗斯		埃及	
沙特阿拉伯		拉脱维亚	
阿曼		卡塔尔	

续表

2020 年		2019 年	
国　家	分级类型	国　家	分级类型
菲律宾	优良型（33 国）	柬埔寨	优良型（30 国）
尼泊尔		摩洛哥	
阿尔巴尼亚		巴林	
孟加拉国		波兰	
不丹		蒙古国	
摩洛哥		沙特阿拉伯	
保加利亚		阿曼	
柬埔寨		印度尼西亚	
约旦		菲律宾	
埃及		俄罗斯	
亚美尼亚	一般型（26 国）	克罗地亚	
土库曼斯坦		乌克兰	
摩尔多瓦		斯洛伐克	
马其顿		伊拉克	
伊朗		塞浦路斯	
乌克兰		马其顿	一般型（23 国）
罗马尼亚		阿塞拜疆	
伊拉克		孟加拉国	
波黑		保加利亚	
南非		缅甸	
希腊		塞尔维亚	
阿塞拜疆		亚美尼亚	
老挝		摩尔多瓦	
塞尔维亚		罗马尼亚	
吉尔吉斯斯坦		塔吉克斯坦	
缅甸		黑山	
印度		哈萨克斯坦	
黑山		阿富汗	
黎巴嫩		波黑	
格鲁吉亚		印度	

续表

2020年		2019年	
国　家	分级类型	国　家	分级类型
斯里兰卡	一般型（26国）	黎巴嫩	一般型（23国）
巴林		也门	
乌兹别克斯坦		白俄罗斯	
哈萨克斯坦		约旦	
埃塞俄比亚		阿尔巴尼亚	
土耳其		巴基斯坦	
也门	欠缺型（4国）	斯里兰卡	
塔吉克斯坦		伊朗	
蒙古国		土耳其	欠缺型（1国）
阿富汗		乌兹别克斯坦	抑制型（2国）
巴基斯坦	抑制型（1国）	匈牙利	

三、“一带一路”国家2020年与2019年经济社会发展竞争力综合评价地区比较

“一带一路”国家2020年与2019年经济社会发展竞争力综合评价地区比较见表8-8。

表8-8 “一带一路”国家2020年与2019年经济社会发展竞争力综合评价地区比较

单位：个

地区	分级类型									
	卓越型		优良型		一般型		欠缺型		抑制型	
	2020年	2019年	2020年	2019年	2020年	2019年	2020年	2019年	2020年	2019年
东亚（3国）	2	2		1	1					
东南亚（11国）	1	4	9	6	1	1				
南亚（7国）		3	3		2	4	1		1	

续表

地区	分级类型									
	卓越型		优良型		一般型		欠缺型		抑制型	
	2020 年	2019 年	2020 年	2019 年	2020 年	2019 年	2020 年	2019 年	2020 年	2019 年
西亚（18 国）	4	3	7	7	4	7	3			1
中亚（5 国）		1	2	1	3	2				1
中东欧（21 国）			9	11	12	9		1		
非洲（4 国）		1	1	3	3					
大洋洲（1 国）		1	1							
中美洲（1 国）			1	1						
合计	7	15	33	30	26	23	4	1	1	2

第三节　“一带一路”国家经济社会发展开放度子系统评价比较

本节主要从综合评价排名变化、综合评价分类以及从地区角度对综合评价分类比较三个方面对“一带一路”国家 2020 年与 2019 年经济社会发展开放度子系统进行比较，旨在能够对“一带一路”国家经济社会发展开放度子系统发展状况有一个动态的了解。

一、“一带一路”国家 2020 年与 2019 年经济社会发展开放度综合评价排名比较

“一带一路”国家 2020 年与 2019 年经济社会发展开放度综合评价排名比较见表 8-9。

表 8-9　“一带一路”国家 2020 年与 2019 年经济社会发展开放度综合评价排名比较

国家	地区	2020 年	2019 年	涨跌值变化①
中国	东亚	1	1	—
韩国	东亚	2	2	—
泰国	东南亚	3	4	—
印度	南亚	4	6	—
埃塞俄比亚	非洲	5	3	—
新加坡	东南亚	6	5	—
摩洛哥	非洲	7	7	—
埃及	非洲	8	8	—
马来西亚	东南亚	9	9	—
南非	非洲	10	10	—
缅甸	东南亚	11	11	—
孟加拉国	南亚	12	13	—
伊拉克	西亚	13	22	—
伊朗	西亚	14	12	—
卡塔尔	西亚	15	17	—
尼泊尔	南亚	16	14	—
菲律宾	东南亚	17	18	—
马尔代夫	南亚	18	16	—
越南	东南亚	19	15	—
巴基斯坦	南亚	20	27	—
匈牙利	中东欧	21	20	—

① 本文规定评价国 2020 年和 2019 年经济社会发展开放度综合评价排名涨跌值在 10 以内的，用符号“—”表示，代表排名变化不大；排名涨跌值在“10~24”的，用符号“↑”或“↓”表示，代表排名变化较大；排名涨跌值在“25~34”的，用符号“↑↑”或“↓↓”表示，代表排名变化大；排名涨跌值在 35 及以上的用符号“↑↑↑”或者“↓↓↓”表示，代表排名变化很大。下文相同。

续表

国家	地区	2020 年	2019 年	涨跌值变化
约旦	西亚	22	24	—
新西兰	大洋洲	23	23	—
克罗地亚	中东欧	24	21	—
以色列	西亚	25	25	—
印度尼西亚	东南亚	26	28	—
阿尔巴尼亚	中东欧	27	19	—
文莱	东南亚	28	26	—
捷克	中东欧	29	30	—
阿拉伯联合酋长国	西亚	30	31	—
波兰	中东欧	31	29	—
摩尔多瓦	中东欧	32	35	—
爱沙尼亚	中东欧	33	36	—
土耳其	西亚	34	32	—
立陶宛	中东欧	35	33	—
拉脱维亚	中东欧	36	39	—
斯洛文尼亚	中东欧	37	40	—
阿塞拜疆	西亚	38	41	—
巴拿马	中美洲	39	38	—
东帝汶	东南亚	40	34	—
阿富汗	西亚	41	42	—
沙特阿拉伯	西亚	42	43	—
保加利亚	中东欧	43	45	—
斯里兰卡	南亚	44	44	—
乌克兰	中东欧	45	37	—
斯洛伐克	中东欧	46	56	↑
罗马尼亚	中东欧	47	46	—
马其顿	中东欧	48	51	—
科威特	西亚	49	50	—
波黑	中东欧	50	57	—
老挝	东南亚	51	47	—
俄罗斯	中东欧	52	53	—
阿曼	西亚	53	54	—

续表

国家	地区	2020 年	2019 年	涨跌值变化
也门	西亚	54	49	—
亚美尼亚	西亚	55	55	—
巴林	西亚	56	59	—
塞尔维亚	中东欧	57	52	—
柬埔寨	东南亚	58	48	↓
格鲁吉亚	西亚	59	58	—
不丹	南亚	60	60	—
黎巴嫩	西亚	61	61	—
白俄罗斯	中东欧	62	64	—
塞浦路斯	西亚	63	65	—
土库曼斯坦	中亚	64	62	—
黑山	中东欧	65	63	—
吉尔吉斯斯坦	中亚	66	66	—
希腊	中东欧	67	67	—
塔吉克斯坦	中亚	68	70	—
乌兹别克斯坦	中亚	69	69	—
哈萨克斯坦	中亚	70	68	—
蒙古国	东亚	71	71	—

不难看出，“一带一路”71 国 2020 年与 2019 年经济社会发展开放度综合评价排名涨跌值变化相对平稳，变化较大的仅有斯洛伐克及柬埔寨 2 个国家，表 8-10 显示了其涨跌值变化较大的主要原因。

表 8-10　影响“一带一路”2 国 2020 年与 2019 年经济社会发展开放度综合评价及涨跌值变化比较

国家	经济社会发展开放度综合评价对比			一级指标评价对比					
				资本国际流动能力			资本国际融合度		
	2020 年	2019 年	涨跌值变化	2020 年	2019 年	涨跌值变化	2020 年	2019 年	涨跌值变化
斯洛伐克	46	56	↑	47	34	↓	46	55	↑
柬埔寨	58	48	↓	39	41	↑	58	48	↓

二、“一带一路”国家 2020 年与 2019 年经济社会发展开放度综合评价分类比较

“一带一路”国家 2020 年与 2019 年经济社会发展开放度综合评价分类比较见表 8-11。

表 8-11　“一带一路”国家 2020 年与 2019 年经济社会发展开放度综合评价分类比较

2020 年		2019 年	
国　家	分级类型	国　家	分级类型
中国	高开放（1 国）	中国	高开放（2 国）
韩国	中高型（27 国）	韩国	
泰国		埃塞俄比亚	中高型（27 国）
印度		泰国	
埃塞俄比亚		新加坡	
新加坡		印度	
摩洛哥		摩洛哥	
埃及		埃及	
马来西亚		马来西亚	
南非		南非	
缅甸		缅甸	
孟加拉国		伊朗	
伊拉克		孟加拉国	
伊朗		尼泊尔	
卡塔尔		越南	
尼泊尔		马尔代夫	
菲律宾		卡塔尔	
马尔代夫		菲律宾	
越南		阿尔巴尼亚	
巴基斯坦		匈牙利	
匈牙利		克罗地亚	
约旦		伊拉克	
新西兰		新西兰	
克罗地亚		约旦	
以色列		以色列	

续表

2020年		2019年	
国　家	分级类型	国　家	分级类型
印度尼西亚	中高型（27国）	文莱	中高型（27国）
阿尔巴尼亚		巴基斯坦	
文莱		印度尼西亚	
捷克	中等型（33国）	波兰	
阿拉伯联合酋长国		捷克	中等型（32国）
波兰		阿拉伯联合酋长国	
摩尔多瓦		土耳其	
爱沙尼亚		立陶宛	
土耳其		东帝汶	
立陶宛		摩尔多瓦	
拉脱维亚		爱沙尼亚	
斯洛文尼亚		乌克兰	
阿塞拜疆		巴拿马	
巴拿马		拉脱维亚	
东帝汶		斯洛文尼亚	
阿富汗		阿塞拜疆	
沙特阿拉伯		阿富汗	
保加利亚		沙特阿拉伯	
斯里兰卡		斯里兰卡	
乌克兰		保加利亚	
斯洛伐克		罗马尼亚	
罗马尼亚		老挝	
马其顿		柬埔寨	
科威特		也门	
波黑		科威特	
老挝		马其顿	
俄罗斯		塞尔维亚	
阿曼		俄罗斯	
也门		阿曼	
亚美尼亚		亚美尼亚	

续表

2020 年		2019 年	
国　家	分级类型	国　家	分级类型
巴林	中等型（33 国）	斯洛伐克	中等型（32 国）
塞尔维亚		波黑	
柬埔寨		格鲁吉亚	
格鲁吉亚		巴林	
不丹		不丹	
黎巴嫩		黎巴嫩	
白俄罗斯	中低型（9 国）	土库曼斯坦	中低型（7 国）
塞浦路斯		黑山	
土库曼斯坦		白俄罗斯	
黑山		塞浦路斯	
吉尔吉斯斯坦		吉尔吉斯斯坦	
希腊		希腊	
塔吉克斯坦		哈萨克斯坦	
乌兹别克斯坦		乌兹别克斯坦	低开放（3 国）
哈萨克斯坦		塔吉克斯坦	
蒙古国	低开放（1 国）	蒙古国	

三、“一带一路”国家2020年与2019年经济社会发展开放度综合评价地区比较

“一带一路”国家2020年与2019年经济社会发展开放度综合评价地区比较见表8-12。

表 8-12　“一带一路”国家 2020 年与 2019 年经济社会发展开放度综合评价地区比较

地区	分级类型									
	高开放		中高型		中等型		中低型		低开放	
	2020 年	2019 年	2020 年	2019 年	2020 年	2019 年	2020 年	2019 年	2020 年	2019 年
东亚（3 国）	1	2	1						1	1

续表

地区	分级类型									
	高开放		中高型		中等型		中低型		低开放	
	2020 年	2019 年	2020 年	2019 年	2020 年	2019 年	2020 年	2019 年	2020 年	2019 年
东南亚（11 国）			8	8	3	3				
南亚（7 国）			5	5	2	2				
西亚（18 国）			5	5	12	12	1	1		
中亚（5 国）							5	3		2
中东欧（21 国）			3	4	15	14	3	3		
非洲（4 国）			4	4						
大洋洲（1 国）			1	1						
中美洲（1 国）					1	1				
合计	1	2	27	27	33	32	9	7	1	3

第九章
“一带一路”国家2020年经济社会发展水平分地区综述

本报告依据国际习惯及研究便利将“一带一路”71国划分为八大地区，即东亚、东南亚及新西兰、南亚、中亚、西亚、非洲、中东欧以及中美洲地区。本章主要从地区角度对“一带一路”71国的经济社会发展基本情况及其地区内排名予以评价。

第一节 东亚地区3国经济社会发展状况比较

一、东亚地区3国经济社会发展基本情况

（一）韩国

韩国位于东北亚朝鲜半岛南部，三面环海，西面濒临黄海，与中国的胶东半岛隔海相望，东南面是朝鲜海峡，东面是日本海，北面隔着三八线非军事区与朝鲜相邻，领土面积占朝鲜半岛总面积的4/9，国土面积为100210平方千米。

韩国的矿产资源较少，已发现的矿物有280多种，其中，有经济价值的矿物有50多种。其主要工业原料均依赖进口。

韩国经济是市场经济模式，是20国集团成员之一的世界主要经济体，既是拥有完善市场经济制度的经合组织发达国家，也是世界上经济发展速度最快的

国家之一。其创造的经济繁荣被称为“汉江奇迹”。韩国是外向型经济，国际贸易在韩国GDP中占有很大的比重，是世界第七大出口国和第七大进口国。钢铁、汽车、造船、电子、纺织等是韩国的支柱产业，其中，造船和汽车制造等行业较好。

韩国农业资源禀赋非常稀缺，是世界人均耕地面积最少的国家之一。因此，韩国农产品较多依赖国外进口。在《“一带一路”国家经济社会发展评价报告（2020）》中，韩国经济社会发展综合评价排第1位，其中，经济社会可持续发展排第1位，竞争力评价排第4位，开放度排第2位。

（二）中国

中国位于亚洲东部，太平洋西岸。其陆上国界线长达20000多千米，同14国接壤；内海和边海的水域面积约470万平方千米。海域分布有大小岛屿7600个，约为35989.76平方千米。东部和南部大陆海岸线长18400多千米，岛屿海岸线长14000多千米，与8国海上相邻。中国国土面积约为960万平方千米，约占世界陆地总面积的1/15，居世界第3位。

中国矿产资源丰富，已探明储量的有157种。其中，钨、锑、稀土、钼、钒和钛等的探明储量居世界首位。煤、铁、铅、锌、铜、银、汞、锡、镍、磷灰石、石棉等的储量均居世界前列。

2010年，中国成为世界第二大经济体。同时，中国也成为世界第一大工业国、第一大货物贸易国和第一大外汇储备国；是世界经济增长速度最快的国家之一。在《“一带一路”国家经济社会发展评价报告（2020）》中，中国经济社会发展综合评价排第2位，其中，经济社会可持续发展排第20位，竞争力评价排第7位，开放度排第1位。

（三）蒙古国

蒙古国地处亚洲中部的蒙古高原，东、南、西三面与中国接壤，北面同俄罗斯的西伯利亚为邻。其国土面积为156.65万平方千米。

蒙古国地下资源丰富，现已探明80多种矿产。全国森林覆盖率为8.2%。野生动物约有60种，主要有旱獭、野驴、野马、角鹿等。

蒙古国以畜牧业和采矿业为主，畜牧业是传统的经济部门，也是国民经济的基础，素有“畜牧业王国”之称，主要饲养羊、牛、马、骆驼。工业以肉、乳、皮革等畜产品加工业为主。农业以种植麦类、蔬菜、薯类和饲料作物为主。出口主要为矿产品、纺织品和畜产品等；进口主要有矿产品、机器设备、食品等。在《“一带一路”国家经济社会发展评价报告（2020）》中，蒙古国经济社会发展综合评价排第 69 位，其中，经济社会可持续发展排第 54 位，竞争力评价排第 51 位，开放度排第 71 位。

二、东亚地区 3 国经济社会发展综合评价及三大子系统指数评价比较

东亚地区 3 国经济社会发展综合评价及三大子系统指数评价比较见表 9-1。

表 9-1　东亚地区 3 国经济社会发展综合评价及三大子系统指数评价的地区排名与总排名①

国家	经济社会发展综合评价		三大子系统指数					
			经济社会可持续发展		竞争力		开放度	
	地区排名	总排名	地区排名	总排名	地区排名	总排名	地区排名	总排名
韩国	1	1	1	1	1	4	2	2
中国	2	2	2	20	2	7	1	1
蒙古国	3	69	3	54	3	51	3	71

① 文中总排名，意指本报告中涉及的“一带一路”71 国经济社会发展各级评价指数的总体排名。下文类同。

第二节　东南亚地区11国经济社会发展状况比较

一、东南亚地区11国经济社会发展基本情况

（一）马来西亚

马来西亚位于太平洋和印度洋之间，全境被南中国海分成东马来西亚和西马来西亚两部分，由马来半岛南部的马来亚和位于加里曼丹岛北部的沙捞越、沙巴组成，海岸线部长4192千米，国土面积330257平方千米。

马来西亚自然资源丰富，橡胶、棕油与胡椒的产量和出口量居世界前列。

作为新兴的多元化经济国家，将出口导向型作为发展经济的重中之重，将工业发展为技术密集型工业，在建筑业、制造业和电子业都取得了长足发展；旅游业是马来西亚的第三大经济支柱；已成为亚洲地区引人注目的多元化新兴工业国家和世界新兴市场经济体。在《“一带一路”国家经济社会发展评价报告（2020）》中，马来西亚经济社会发展综合评价排第7位，其中，经济社会可持续发展排第15位，竞争力评价排第17位，开放度排第9位。

（二）新加坡

新加坡是东南亚及新西兰的一个岛国，由60个岛屿组成，北隔柔佛海峡与马来西亚为邻，南隔新加坡海峡与印度尼西亚相望，毗邻马六甲海峡，海岸线总长200余千米，土地面积718.3平方千米。

新加坡属外贸驱动型经济，外贸是新加坡国民经济的重要支柱，外贸总额是GDP的4倍。进出口的商品包括加工石油产品、化学品、消费品、机器之零件及附件、数据处理机及零件、电信设备和药品等。

新加坡工业主要包括制造业和建筑业。迄今为止，新加坡已是东南亚最大修造船基地之一和世界第三大炼油中心，同时是世界重要的转口港及联系亚、欧、非、大洋洲的航空中心，新加坡是亚洲的金融中心、航运中心、贸易中心，被GaWC评为“世界一线城市”第5位。在《“一带一路”国家经

济社会发展评价报告（2020）》中，新加坡经济社会发展综合评价排第10位，其中，经济社会可持续发展排第56位，竞争力评价排第5位，开放度排第6位。

（三）文莱

文莱位于亚洲东南部，加里曼丹岛西北部，北濒中国南海，东、南、西三面与马来西亚的砂拉越州接壤，并被砂拉越州的林梦分隔为不相连的东、西两部分。海岸线长约162千米，有33个岛屿，总面积为5765平方千米。

文莱已探明原油储量为14亿桶，天然气储量为3900亿立方米。有11个森林保护区，面积为2277平方千米，占国土面积的39%，86%的森林保护区为原始森林。

文莱以原油和天然气为主要经济支柱，占国内生产总值的50%。在东南亚，其石油储量和产量仅次于印度尼西亚，居第2位。文莱服装业亦有较大发展，成为第二大出口收入来源。其是世界上最富有的国家之一。在《“一带一路”国家经济社会发展评价报告（2020）》中，文莱经济社会发展综合评价排第12位，其中，经济社会可持续发展排第21位，竞争力评价排第15位，开放度排第28位。

（四）泰国

泰国位于亚洲中南半岛中南部，与柬埔寨、老挝、缅甸、马来西亚接壤，东南临泰国湾（太平洋），西南濒安达曼海（印度洋），西部和西北部与缅甸接壤，东北与老挝交界，东南与柬埔寨为邻，疆域沿克拉地峡向南延伸至马来半岛，与马来西亚相接，其狭窄部分居印度洋与太平洋之间。其国土面积为513120平方千米。

锡矿是泰国最重要的矿产，储量达150万吨，居世界之首。

泰国产业结构变化明显，制造业、农业和旅游业是经济的主要部门。汽车业是支柱产业，是东南亚及新西兰汽车制造中心和东盟最大的汽车市场；同时是世界上稻谷和天然橡胶最大出口国、是亚洲唯一的粮食净出口国和世界五大农产品出口国之一，是世界著名的旅游胜地之一。在《“一带一路”国家经济社会发展评价报告（2020）》中，泰国经济社会发展综合评价排第18位，其中，经济社会可持续发展排第40位，竞争力评价排第35位，开放度排第3位。

（五）印度尼西亚

印度尼西亚位于亚洲东南部，由约17508个岛屿组成，是世界上最大的群岛国家，也是亚洲第二大国家。其陆地面积约190.4万平方千米，海洋面积约316.6万平方千米（不包括专属经济区），疆域横跨亚洲及大洋洲，与7国隔海相望，海岸线总长54716千米。

印度尼西亚煤炭、石油、天然气和锡的储量在世界上占有重要地位，镍的储量居世界前列，金刚石储量居亚洲前列。印度尼西亚是世界上生物资源最丰富的国家之一，森林覆盖率为67.8%。其盛产各种热带名贵的树种，铁木、檀木、乌木和柚木等均驰名世界。

印度尼西亚作为世界上最大的群岛国家，渔业资源丰富，海洋鱼类达7000多种。采矿业是出口创汇、增加中央和地方财政收入的重要来源。在《"一带一路"国家经济社会发展评价报告（2020）》中，印度尼西亚经济社会发展综合评价排第19位，其中，经济社会可持续发展排第38位，竞争力评价排第13位，开放度排第26位。

（六）越南

越南位于中南半岛东部，北面与中国接壤，西面与老挝、柬埔寨王国交界，东面和南面临南海，海岸线长3260多千米，南北长1600千米，东西最窄处为50千米，陆地面积为329556平方千米。

越南矿产资源丰富，种类多样。主要有近海油气、煤、铁、铝、锰等，其中，煤、铁、铝储量较大；有6845种海洋生物；森林面积约1000万公顷。

越南是传统农业国，农业人口约占总人口的75%。耕地及林地占总面积的60%。

越南与世界上150多个国家和地区有贸易关系，对拉动经济发展起到了重要作用。在《"一带一路"国家经济社会发展评价报告（2020）》中，越南经济社会发展综合评价排第21位，其中，经济社会可持续发展排第47位，竞争力评价排第16位，开放度排第19位。

（七）东帝汶

东帝汶是位于努沙登加拉群岛东端的岛国，包括帝汶岛东部与西部北海岸的欧库西地区以及附近的阿陶罗岛和东端的雅库岛。西与印度尼西亚西帝汶相接，南隔帝汶海与澳大利亚相望。其海岸线全长735千米，国土面积为14874平方千米。

东帝汶的主要矿藏有金、锰、铬、锡、铜等，帝汶海有储量丰富的石油和天然气资源。咖啡、橡胶、紫檀木有“帝汶三宝”之称。

东帝汶被联合国开发计划署列为亚洲最贫困国家和全球20个最落后的国家之一。其经济以农业为主，基础设施落后，粮食不能自给，没有工业体系和制造业基础。主要出口咖啡、椰子、紫檀木、橡胶；主要进口食品、纺织品、车辆及其他工业品。

在《“一带一路”国家经济社会发展评价报告（2020）》中，东帝汶经济社会发展综合评价排第24位，其中，经济社会可持续发展排第39位，竞争力评价排第12位，开放度排第40位。

（八）菲律宾

菲律宾位于西太平洋，是东南亚一个多民族群岛国家，北部隔巴士海峡与中国台湾遥遥相对，南部和西南部隔苏拉威西海、巴拉巴克海峡与印度尼西亚、马来西亚相望，西面濒临南中国海，东面濒临太平洋。总面积为29.97万平方千米，共有大小岛屿7000多个，海岸线长约18533千米。

菲律宾矿产资源主要有铜、金、银、铁、铬、镍等20余种；野生植物有近万种，森林面积为1579万公顷，覆盖率达53%，有乌木、檀木等名贵树种。

菲律宾经济实行出口导向型经济模式，产业结构以服务业、工业、农林渔业为主，第三产业在国民经济中地位突出，农业和制造业也占相当比重。其中，服务业占GDP的54.8%。在《“一带一路”国家经济社会发展评价报告（2020）》中，菲律宾经济社会发展综合评价排第31位，其中，经济社会可持续发展排第49位，竞争力评价排第34位，开放度排第17位。

（九）柬埔寨

柬埔寨位于中南半岛西南部，西部及西北部与泰国接壤，东北部与老挝交界，东部及东南部与越南毗邻，国土面积为181035平方千米。

柬埔寨的矿藏主要有金、磷酸盐、宝石和石油；林业、渔业、果木资源丰富；森林覆盖率达61.4%。洞里萨湖是东南亚最大的天然淡水渔场，素有“鱼湖”之称。

柬埔寨农业是其经济第一大支柱产业。柬埔寨农业人口占总人口的85%，占全国劳动力的78%。其可耕地面积为630万公顷。近年来，柬埔寨把农业、加工业、旅游业、基础设施建设及人才培训作为优先发展领域，特别是积极开发自身独具优势的旅游资源，工业被视为推动国内经济发展的支柱之一，但基础薄弱，门类单调。在《“一带一路”国家经济社会发展评价报告（2020）》中，柬埔寨经济社会发展综合评价排第38位，其中，经济社会可持续发展排第46位，竞争力评价排第28位，开放度排第58位。

（十）老挝

老挝位于中南半岛北部的内陆国家，北邻中国、南接柬埔寨、东接越南、西北达缅甸、西南毗邻泰国。老挝境内80%为山地和高原，且多被森林覆盖，有“印度支那屋脊”之称。其国土面积为23.68万平方千米。

老挝自然资源有锡、铅、钾、铜、铁、金、石膏、煤、盐等矿藏。截至2013年，得到少量开采的有锡、石膏、钾、盐、煤等。老挝水力资源丰富。2012年森林面积约1700万公顷，全国森林覆盖率约为50%，产柚木、花梨木等名贵树种。

老挝经济以农业为主，全国可耕地面积约800万公顷，农业用地约470万公顷。其农作物主要有水稻、玉米、薯类等；工业基础薄弱，以锯木、碾米为主的轻工业和以锡为主的采矿业是最重要部门。在《“一带一路”国家经济社会发展评价报告（2020）》中，老挝经济社会发展综合评价排第53位，其中，经济社会可持续发展排第64位，竞争力评价排第32位，开放度排第51位。

（十一）缅甸

缅甸位于亚洲东南部、中南半岛西部，西北与印度和孟加拉国为邻，东北靠中国，东南接泰国与老挝。缅甸属于热带季风气候，生态环境良好，自然灾害较少。其国土面积约 67.85 万平方千米，海岸线长 3200 千米。

缅甸矿藏资源丰富，有石油、天然气、钨、锡、铅、银、镍、锑、金、铁、铬、玉石等；林地面积达 3412 万公顷，覆盖率为 50%左右，是世界上森林分布最广的国家之一。

缅甸工农业发展缓慢，以农业为主，从事农业的人口超过 60%，农产品有稻米、小麦、甘蔗等。全球 95%的翡翠、玉石产自缅甸，在世界上享有盛誉。在《“一带一路”国家经济社会发展评价报告（2020）》中，缅甸经济社会发展综合评价排第 56 位，其中，经济社会可持续发展排第 58 位，竞争力评价排第 65 位，开放度排第 11 位。

二、东南亚地区 11 国经济社会发展综合评价及三大子系统指数评价比较

东南亚地区 11 国经济社会发展综合评价及三大子系统指数评价比较见表 9-2。

表 9-2　东南亚地区 11 国经济社会发展综合评价及三大子系统指数评价的地区排名与总排名

国家	经济社会发展综合评价		三大子系统指数					
			经济社会可持续发展		竞争力		开放度	
	地区排名	总排名	地区排名	总排名	地区排名	总排名	地区排名	总排名
马来西亚	1	7	1	15	6	17	3	9
新加坡	2	10	9	56	1	5	2	6
文莱	3	12	2	21	4	15	8	28
泰国	4	18	5	40	10	35	1	3
印度尼西亚	5	19	3	38	3	13	7	26

续表

国家	经济社会发展综合评价		三大子系统指数					
			经济社会可持续发展		竞争力		开放度	
	地区排名	总排名	地区排名	总排名	地区排名	总排名	地区排名	总排名
越南	6	21	7	47	5	16	6	19
东帝汶	7	24	4	39	2	12	9	40
菲律宾	8	31	8	49	9	34	5	17
柬埔寨	9	38	6	46	7	28	11	58
老挝	10	53	11	64	8	32	10	51
缅甸	11	56	10	58	11	65	4	11

第三节　南亚地区7国经济社会发展状况比较

一、南亚地区7国经济社会发展基本情况

（一）马尔代夫

马尔代夫是印度洋上的一个群岛国家、亚洲最小的国家，也是世界上最大的珊瑚岛国。其南部的赤道海峡和一度半海峡为海上交通要道，被誉为“上帝抛洒人间的项链”。马尔代夫总面积为9万平方千米（含领海面积），陆地面积为298平方千米。

马尔代夫拥有丰富的海洋资源，其周围水域拥有700多种鱼类，生产鲣鱼、金枪鱼、龙虾、海参，还有少量的石斑鱼、鲨鱼、海龟和玳瑁等。

马尔代夫全国可耕地面积为6900公顷，土地贫瘠，农业十分落后。旅游业、船运业和渔业是马尔代夫经济的三大支柱，旅游业成为第一大经济支柱。在《“一带一路”国家经济社会发展评价报告（2020）》中，马尔代夫经济社会发展综合评价排第26位，其中，经济社会可持续发展排第53位，竞争力评价排第18位，开放度排第18位。

（二）尼泊尔

尼泊尔位于喜马拉雅山中段南麓，北与中国西藏接壤，东、西、南三面

被印度包围，是南亚山区内陆国家，国境线长2400千米。全国总面积为14.7万平方千米。

尼泊尔金属矿藏有铁、铜、锌、铅、镍、钴、钼、金、钨、钛和银等，水能蕴藏量达8300万千瓦，约占世界水电蕴藏量的2.3%。

尼泊尔是世界上最不发达的贫困国家之一，经济严重依赖外援，预算支出的1/3来自外国捐赠和贷款。80%的人口从事农业生产，主要农作物有稻谷、玉米、小麦，经济作物主要有甘蔗、油料、烟草等。其工业基础弱，发展慢，主要有制糖、纺织等，旅游业是尼泊尔的支柱产业。在《“一带一路”国家经济社会发展评价报告（2020）》中，尼泊尔经济社会发展综合评价排第32位，其中，经济社会可持续发展排第59位，竞争力评价排第9位，开放度排第16位。

（三）孟加拉国

孟加拉国东、西、北三面与印度毗邻，东南面与缅甸接壤，南面濒临孟加拉湾。其国土总面积约为14.75万平方千米，海岸线长550千米。孟加拉国总人口有1.58亿多（2013年统计），是全世界人口密度最高的人口大国及世界最不发达国家之一。

孟加拉国河道纵横密布，河运发达，矿藏有天然气、煤、钛、锆等；森林面积约200万公顷，森林覆盖率为13.4%。

孟加拉国的国民经济主要依靠农业。黄麻是孟加拉国主要的经济来源，是世界第二大黄麻生产国，同时是世界第一大黄麻出口国。其重工业薄弱，制造业欠发达。在《“一带一路”国家经济社会发展评价报告（2020）》中，孟加拉国经济社会发展综合评价排第34位，其中，经济社会可持续发展排第50位，竞争力评价排第41位，开放度排第12位。

（四）不丹

不丹是喜马拉雅山东段南坡的内陆国家，西北部、北部与中国西藏自治区接壤，西部、南部和东部分别与印度锡金邦、西孟加拉邦、中国西藏山南市交界，总面积为38394平方千米。

不丹的矿产资源主要有白云石、石灰石、大理石、石墨、石膏、煤、铅、铜、锌等。其水电资源蕴藏量约为2万兆瓦，仅约2%得到开发利用。其森林覆盖率约占国土面积的72%。

不丹经济相对落后，目前仍为最不发达国家之一，农业是其支柱产业。98%以上的农民拥有自己的土地、住房，平均每户拥有土地1公顷多。电力行业逐渐成为经济支柱之一，粮食基本自给，旅游业是外汇的重要来源之一。在《“一带一路”国家经济社会发展评价报告（2020）》中，不丹经济社会发展综合评价排第35位，其中，经济社会可持续发展排第36位，竞争力评价排第14位，开放度排第60位。

（五）印度

印度地处北半球，是南亚地区最大的国家，东北部同中国、尼泊尔、不丹接壤，孟加拉国夹在东北部国土之间，东部与缅甸为邻，东南部与斯里兰卡隔海相望，西北部与巴基斯坦交界。其海岸线长5560千米，面积为298万平方千米，居世界第7位。

印度矿产资源丰富，铝土储量和煤产量均占世界第5位。同时，印度又是一个农业大国，农村人口占总人口的72%；是世界上最大的粮食生产国之一，拥有世界10%的可耕地，面积约1.6亿公顷；已成为农产品净出口国。

印度是世界上发展最快的国家之一，是全球软件、金融等服务业重要出口国。印度工业已形成完整体系。其纺织、食品、精密仪器、汽车、软件制造等工业发展迅速。在《“一带一路”国家经济社会发展评价报告（2020）》中，印度经济社会发展综合评价排第57位，其中，经济社会可持续发展排第67位，竞争力评价排第52位，开放度排第4位。

（六）斯里兰卡

斯里兰卡是印度洋上的岛国，在南亚次大陆南端，西北隔保克海峡与印度半岛相望。其南北长432千米，东西宽224千米，国土面积为65610平方千米。

斯里兰卡的主要矿藏有石墨、宝石、钛铁、锆石、云母等，石墨、宝石、云母等已开采。渔业、林业和水力资源丰富。

斯里兰卡以种植园经济为主，是世界三大产茶国之一。其最大优势在于矿业和地理位置，它是一个宝石富集的岛屿，是居世界前5名的宝石生产大国，被誉为"宝石岛"。同时，旅游业是其经济的重要组成部分。其工业基础薄弱，以服装加工业为主。对外贸易由以过去的农产品为主转变为以工业产品为主。在《"一带一路"国家经济社会发展评价报告（2020）》中，斯里兰卡经济社会发展综合评价排第61位，其中，经济社会可持续发展排第34位，竞争力评价排第69位，开放度排第44位。

（七）巴基斯坦

巴基斯坦位于南亚次大陆西北部，南濒阿拉伯海，东接印度，东北部毗邻中华人民共和国，西北与阿富汗交界，西邻伊朗。其海岸线长980千米，全国领土面积为880254平方千米。

巴基斯坦煤炭资源丰富。主要矿藏储备有天然气4920亿立方米、石油1.84亿桶、煤1850亿吨、铁4.3亿吨、铝土7400万吨，还有大量的铬矿、大理石和宝石。

巴基斯坦拥有多元化的经济体系，是世界第二十五大经济体。作为经济快速增长的发展中国家，经济结构主要是由以农业为基础转变为以服务业为基础。服务业占比53%，批发和零售贸易占比30%。其最大的工业部门是棉纺织业。在《"一带一路"国家经济社会发展评价报告（2020）》中，巴基斯坦经济社会发展综合评价排第71位，其中，经济社会可持续发展排第65位，竞争力评价排第71位，开放度排第20位。

二、南亚地区7国经济社会发展综合评价及三大子系统指数评价比较

南亚地区7国经济社会发展综合评价及三大子系统指数评价比较见表9-3。

表 9-3　南亚地区 7 国经济社会发展综合评价及三大子系统指数评价的地区排名与总排名

国家	经济社会发展综合评价		三大子系统指数					
			经济社会可持续发展		竞争力		开放度	
	地区排名	总排名	地区排名	总排名	地区排名	总排名	地区排名	总排名
马尔代夫	1	26	4	53	3	18	4	18
尼泊尔	2	32	5	59	1	9	3	16
孟加拉国	3	34	3	50	4	41	2	12
不丹	4	35	2	36	2	14	7	60
印度	5	57	7	67	5	52	1	4
斯里兰卡	6	61	1	34	6	69	6	44
巴基斯坦	7	71	6	65	7	71	5	20

第四节　西亚地区 18 国经济社会发展状况比较

一、西亚地区 18 国经济社会发展基本情况

（一）阿拉伯联合酋长国

阿拉伯联合酋长国位于阿拉伯半岛东部，北面濒临波斯湾，海岸线长 734 千米。西北面与卡塔尔为邻、西面和南面与沙特阿拉伯交界、东面和东北面与阿曼毗邻，是由阿布扎比、迪拜等 7 个酋长国组成的联邦国家。其总面积为 83600 平方千米。

阿拉伯联合酋长国石油和天然气资源非常丰富，石油总储量居世界第 6 位，天然气居世界第 5 位。

阿拉伯联合酋长国以石油生产和石油化工工业为主，同时注重发展经济多样化。其外贸在经济中占有重要位置，与 179 个国家和地区有贸易关系。在《“一带一路”国家经济社会发展评价报告（2020）》中，阿拉伯联合酋

长国经济社会发展综合评价排第3位，其中，经济社会可持续发展排第4位，竞争力评价排第1位，开放度排第30位。

（二）以色列

以色列地处地中海的东南方向，北靠黎巴嫩、东濒叙利亚和约旦、西南边则是埃及。国土面积为14900平方千米。

以色列工业化程度较高，总体经济实力较强，是中东地区经济发展程度、商业自由程度、新闻自由程度和整体人类发展指数最高的国家。研发产业中最知名的是其军事科技产业，在农业、物理学和医学上的研发也十分知名。

以色列坚持走科技强国之路，重视教育和人才的培养，使经济得以较快发展。高新技术产业发展举世瞩目，特别是在电子、通信、计算机软件、医疗器械、生物技术工程、农业以及航空等方面拥有先进的技术和优势。在《"一带一路"国家经济社会发展评价报告（2020）》中，以色列经济社会发展综合评价排第4位，其中，经济社会可持续发展排第9位，竞争力评价排第3位，开放度排第25位。

（三）卡塔尔

卡塔尔是亚洲西部的一个阿拉伯国家，位于波斯湾西南岸的卡塔尔半岛上，与阿拉伯联合酋长国和沙特阿拉伯接壤。其海岸线长550千米，国土面积为11437平方千米。

自然资源主要有石油和天然气。石油储量居世界第13位，天然气储量居世界第3位。地下水源贫乏，农牧产品不能自给，粮食、蔬菜、水果、肉蛋奶等主要依赖进口。

石油、天然气是其经济支柱。其是世界第一大液化天然气生产和出口国；注重吸引外资和技术。在《"一带一路"国家经济社会发展评价报告（2020）》中，卡塔尔经济社会发展综合评价排第5位，其中，经济社会可持续发展排第10位，竞争力评价排第8位，开放度排第15位。

（四）科威特

科威特位于亚洲西部阿拉伯半岛东北部，波斯湾西北岸，西面、北面与伊拉克为邻，南面与沙特阿拉伯交界，东面濒临波斯湾，同伊朗隔海相望。全国面积为17818平方千米（包括阿拉伯半岛的东北角及附近的布比延、费莱凯等岛屿），水域面积为5625平方千米。

科威特石油和天然气储量丰富，居世界第4位。可耕地面积约14182公顷，无土培植面积约156公顷。其渔业资源丰富，盛产大虾、石斑鱼和黄花鱼。

石油是科威特财政收入的主要来源和国民经济的支柱，财政收入90%以上来自石油。农牧产品主要依靠进口。对外贸易在经济中占有重要地位。在《“一带一路”国家经济社会发展评价报告（2020）》中，科威特经济社会发展综合评价排第11位，其中，经济社会可持续发展排第28位，竞争力评价排第2位，开放度排第49位。

（五）塞浦路斯

塞浦路斯位于地中海东北部，扼亚、非、欧三洲海上交通要冲，为地中海第三大岛，国土面积为9251平方千米。

塞浦路斯矿藏以铜为主，其他有硫化铁、盐、石棉、石膏、大理石、木材和土性无机颜料。国土面积的36%~38%为森林覆盖。水力资源贫乏。

塞浦路斯为传统的农业国，着重旅游业的发展，人民相对富足，以服务业为主导，另有少量轻工业。对外出口最多的5种产品中有3种为农产品：柠檬、土豆和奶酪。主要进口矿产品、机械、运输设备等。在《“一带一路”国家经济社会发展评价报告（2020）》中，塞浦路斯经济社会发展综合评价排第17位，其中，经济社会可持续发展排第8位，竞争力评价排第6位，开放度排第63位。

（六）沙特阿拉伯

沙特阿拉伯位于亚洲西南部的阿拉伯半岛，东濒波斯湾，西临红海，同约旦、伊拉克、科威特、阿拉伯联合酋长国、阿曼、也门等国接壤。其海岸线长2437千米，领土面积为225万平方千米，居世界第14位。

沙特阿拉伯是名副其实的“石油王国”，石油储量和产量均居世界首位，使其成为世界上最富裕的国家之一。

石油和石化工业是沙特阿拉伯国民经济命脉，是其主要的经济来源。沙特阿拉伯是世界上最大的淡化海水生产国，其海水淡化量占世界总量的21%左右，也是世界上最大的大麦进口国。其畜牧业主要有绵羊、山羊、骆驼等，主要农产品有小麦、玉米等。在《“一带一路”国家经济社会发展评价报告（2020）》中，沙特阿拉伯经济社会发展综合评价排第29位，其中，经济社会可持续发展排第24位，竞争力评价排第39位，开放度排第42位。

（七）阿曼

阿曼位于阿拉伯半岛东南部，地处波斯湾通往印度洋的要道，西北接阿拉伯联合酋长国，西连沙特阿拉伯，西南邻近也门，东北与东南濒临阿曼湾和阿拉伯海。其海岸线长1700千米，国土面积为30.95万平方千米。

阿曼已探明石油储量55亿桶，天然气8495亿立方米。矿产资源有铜、金、银、铬、铁、锰、镁、煤矿等。

石油、天然气产业是阿曼的支柱产业，油气收入占国家财政收入的75%，占国内生产总值的41%，其他工业起步较晚，基础薄弱。其农业不发达，粮食主要靠进口。渔业资源丰富，是阿曼的传统产业，也是收入的主要来源之一。在《“一带一路”国家经济社会发展评价报告（2020）》中，阿曼经济社会发展综合评价排第30位，其中，经济社会可持续发展排第45位，竞争力评价排第10位，开放度排第53位。

（八）约旦

约旦位于亚洲西部，阿拉伯半岛的西北，西与巴勒斯坦、以色列为邻，北与叙利亚接壤，东北与伊拉克交界，东南和南部与沙特阿拉伯相连。国土面积为89342平方千米，其中，陆地面积为88802平方千米，海洋面积为540平方千米。

约旦是发展中国家，经济基础薄弱，资源较贫乏，主要有磷酸盐、钾盐、铜、锰和油页岩及少量天然气；可耕地少，主要农作物有小麦、大麦、玉米、蔬菜和橄榄等。其农产品不能满足国内需求，粮食和肉类主要依靠进口。国民经济主要支柱为侨汇、外援和旅游。在《“一带一路”国家经济社会发展评价报告（2020）》中，约旦经济社会发展综合评价排第39位，其中，经济社会可持续发展排第35位，竞争力评价排第54位，开放度排第22位。

（九）亚美尼亚

亚美尼亚位于亚洲与欧洲交界处的外高加索南部的内陆国。西接土耳其，南接伊朗交界，北临格鲁吉亚，东临阿塞拜疆。国土面积为2.98万平方千米。

亚美尼亚主要有铜矿、铜钼矿和多金属矿，此外，还有硫黄、大理石和彩色凝灰石等。但其缺乏矿物燃料，能源奇缺，主要为水力资源。

亚美尼亚主要工业部门有机器制造、化学生物工程、有机合成、有色金属冶炼等。全国耕地面积为49.4万公顷。亚美尼亚主要出口产品为宝石及其半加工制品、食品等，主要进口产品为矿产品、食品、化工产品等。在《“一带一路”国家经济社会发展评价报告（2020）》中，亚美尼亚经济社会发展综合评价排第41位，其中，经济社会可持续发展排第31位，竞争力评价排第44位，开放度排第55位。

（十）伊朗

伊朗位于亚洲西部，中北部紧靠里海，南靠波斯湾和阿拉伯海。伊朗东邻巴基斯坦和阿富汗，东北部与土库曼斯坦接壤，西北部与阿塞拜疆和亚美尼亚为邻，西接土耳其和伊拉克。国土面积约1648195平方千米，居世界第18位。

伊朗的石油、天然气和煤炭蕴藏丰富，石油、天然气储量分别占世界总储量的11%和17%，分列世界第3位、第2位。其他矿物资源也十分丰富，可采量巨大。

伊朗是亚洲主要经济体之一，经济实力较强。其经济以石油开采业为主，为世界石油、天然气大国，地处世界石油、天然气最丰富的中东地区，石油出口是经济命脉。在《“一带一路”国家经济社会发展评价报告（2020）》中，伊朗经济社会发展综合评价排第55位，其中，经济社会可持续发展排第

62位，竞争力评价排第40位，开放度排第14位。

（十一）伊拉克

伊拉克位于亚洲西南部，阿拉伯半岛东北部，北接土耳其，东邻伊朗，西毗叙利亚、约旦，南连沙特阿拉伯、科威特，东南濒临波斯湾。国土面积约43.7万平方千米。

伊拉克地理条件得天独厚，石油、天然气资源十分丰富，石油储量居世界第2位，天然气储量居世界第10位。

伊拉克的油气产业在国民经济中始终处于主导地位，是其支柱产业。农牧业在国民经济中占有重要地位。其主要出口原油、天然气、椰枣、化肥等，椰枣输出量居世界首位，进口各种生产资料、粮食等生活必需品。在《"一带一路"国家经济社会发展评价报告（2020）》中，伊拉克经济社会发展综合评价排第48位，其中，经济社会可持续发展排第66位，竞争力评价排第30位，开放度排第13位。

（十二）阿塞拜疆

阿塞拜疆位于欧亚大陆交界处的南高加索地区东部，面积为8.66万平方千米。东濒里海，南接伊朗和土耳其，北与俄罗斯相邻，西傍格鲁吉亚和亚美尼亚，陆地边境线总长2657千米，海岸线长456千米，国土面积为8.66万平方千米。

阿塞拜疆石油和天然气资源丰富。此外，境内还有铁、钼、铜、黄金等金属矿藏，以及丰富的非金属和矿泉水资源、动植物资源。

阿塞拜疆经济持续稳定发展，实施多元化战略，大力扶持非石油领域经济发展，里海油气的成功开发促进了阿塞拜疆经济和社会飞速发展。在《"一带一路"国家经济社会发展评价报告（2020）》中，阿塞拜疆经济社会发展综合评价排第52位，其中，经济社会可持续发展排第63位，竞争力评价排第36位，开放度排第38位。

（十三）黎巴嫩

黎巴嫩位于西亚南部地中海东岸。东部和北部与叙利亚交界，南部与巴勒斯坦（以色列）为邻，西濒地中海，海岸线长 220 千米，国土面积为 10452 平方千米。

黎巴嫩的矿产资源少，且开采不多。矿藏主要有铁、铅、铜、褐煤和沥青等。其农业欠发达，主要依赖进口。黎巴嫩主要经济来源是银行业和旅游业，其中，旅游业发达，旅游业和银行业占 GDP 的 65%。外贸在国民经济中占有重要地位，出口商品主要有蔬菜、水果、金属制品、纺织品、化工产品、玻璃制品和水泥等。在《“一带一路”国家经济社会发展评价报告（2020）》中，黎巴嫩经济社会发展综合评价排第 59 位，其中，经济社会可持续发展排第 57 位，竞争力评价排第 47 位，开放度排第 61 位。

（十四）格鲁吉亚

格鲁吉亚位于连接欧亚大陆的外高加索中西部，包括外高加索整个黑海沿岸、库拉河中游和库拉河支流阿拉扎尼河谷地。西临黑海，西南部与土耳其接壤，北与俄罗斯接壤，东南部和阿塞拜疆及亚美尼亚共和国毗邻。国土面积为 6. 97 万平方千米。

格鲁吉亚的矿产资源比较贫乏。主要矿产有锰矿石、煤、铜矿石、多金属矿石和重晶石；水力资源丰富，矿泉共有 1400 多处，其中，大约 50% 是温泉或热泉，在自然资源中占有重要地位。

格鲁吉亚的主要产业有开采业、制造业、电力、供气、供水业等；农业构成主要为种植业、畜牧业、农产品加工业、林业、渔业等。在《“一带一路”国家经济社会发展评价报告（2020）》中，格鲁吉亚经济社会发展综合评价排第 60 位，其中，经济社会可持续发展排第 42 位，竞争力评价排第 67 位，开放度排第 55 位。

（十五）巴林

巴林是位于波斯湾西南部的岛国。介于卡塔尔和沙特阿拉伯之间，距沙特阿拉伯东海岸 24 千米，卡塔尔西海岸 28 千米，国土面积为 750 平方千米。

石油为巴林国家经济的支柱，是海湾地区最早开采石油的国家。主要工业有石油和天然气开采、炼油和炼铝业、船舶维修等，主要农产品有水果、蔬菜、家禽、海产品等，粮食主要靠进口。巴林近年开始向多元化经济发展，大力发展金融业，成为海湾地区银行和金融中心。在《“一带一路”国家经济社会发展评价报告（2020）》中，巴林经济社会发展综合评价排第62位，其中，经济社会可持续发展排第70位，竞争力评价排第24位，开放度排第56位。

（十六）土耳其

土耳其是一个横跨欧亚两洲的国家，北临黑海，南临地中海，东南与叙利亚、伊拉克接壤，西临爱琴海，并与希腊以及保加利亚接壤，东部与格鲁吉亚、亚美尼亚、阿塞拜疆和伊朗接壤。土耳其地理位置和地缘政治战略意义极为重要，是连接欧亚的十字路口。国土面积为783562平方千米。

土耳其矿物资源丰富，主要有硼、铁、铜、铝矾土及煤等。三氧化二硼和铬矿储量均居世界前列。其森林面积广大，拥有广阔牧场。

土耳其是发展中的新兴经济体，亦是全球发展最快的国家之一。在生产农产品、纺织品、汽车、船只及其他运输工具、建筑材料和家用电子产品皆居领导地位。在《“一带一路”国家经济社会发展评价报告（2020）》中，土耳其经济社会发展综合评价排第66位，其中，经济社会可持续发展排第41位，竞争力评价排第70位，开放度排第34位。

（十七）也门

也门位于阿拉伯半岛南端，其北部与沙特阿拉伯接壤，南濒阿拉伯海、亚丁湾，东邻阿曼，西隔曼德海峡与非洲大陆的埃塞俄比亚、索马里、吉布提等相望。也门有约2000千米的海岸线，海上交通十分便利。

也门是典型的资源型国家，石油和天然气是其最主要的自然资源。也门水资源紧缺，主要依靠地下水。全国农业人口约占全国总人口的75%。农产品主要有棉花、咖啡等。粮食不能自给，一半依靠进口。经济发展主要依赖石油出口。运输工具、机械设备等国内建设所需物资以及大量轻工产品均需进口。在《“一带一路”国家经济社会发展评价报告（2020）》中，也门经济社会发展综合评价排第67位，其中，经济社会可持续发展排第68位，竞争力评价排第57位，开放度排第54位。

（十八）阿富汗

阿富汗位于西亚、南亚和中亚交会处，北接土库曼斯坦、乌兹别克斯坦和塔吉克斯坦，东北凸出的狭长地带（瓦罕走廊）与中国接壤，东部和东南部与巴基斯坦毗邻，西部与伊朗交界，总面积为652300平方千米。

阿富汗矿藏资源丰富，但基本未开发。农牧业是其国民经济的主要支柱，农牧业人口占全国总人口的80%。耕地不到全国土地总面积的10%。其工业以轻工业和手工业为主。阿富汗同60多个国家和地区有贸易往来。其主要出口商品有天然气、地毯、干鲜果品、羊毛、棉花等。在《“一带一路”国家经济社会发展评价报告（2020）》中，阿富汗经济社会发展综合评价排第70位，其中，经济社会可持续发展排第69位，竞争力评价排第68位，开放度排第41位。

二、西亚地区18国经济社会发展综合评价及三大子系统指数评价比较

西亚地区18国经济社会发展综合评价及三大子系统指数评价比较见表9-4。

表9-4 西亚地区18国经济社会发展综合评价及三大子系统指数评价的地区排名与总排名

国家	经济社会发展综合评价		三大子系统指数					
			经济社会可持续发展		竞争力		开放度	
	地区排名	总排名	地区排名	总排名	地区排名	总排名	地区排名	总排名
阿拉伯联合酋长国	1	3	1	4	1	1	6	30
以色列	2	4	3	9	3	3	5	25
卡塔尔	3	5	4	10	5	8	3	15
科威特	4	11	6	28	2	2	11	49
塞浦路斯	5	17	2	8	4	6	18	63

续表

国家	经济社会发展综合评价		三大子系统指数					
			经济社会可持续发展		竞争力		开放度	
	地区排名	总排名	地区排名	总排名	地区排名	总排名	地区排名	总排名
沙特阿拉伯	6	29	5	24	10	39	10	42
阿曼	7	30	11	45	6	10	12	53
约旦	8	39	8	35	14	54	4	22
亚美尼亚	9	41	7	31	12	44	14	55
伊朗	10	55	13	62	11	40	2	14
伊拉克	11	48	15	66	8	30	1	13
阿塞拜疆	12	52	14	63	9	36	8	38
黎巴嫩	13	59	12	57	13	47	17	61
格鲁吉亚	14	60	10	42	16	67	16	55
巴林	15	62	18	70	7	24	15	56
土耳其	16	66	9	41	18	70	7	34
也门	17	67	16	68	15	57	13	54
阿富汗	18	70	17	69	17	68	9	41

第五节　中亚地区5国经济社会发展状况比较

一、中亚地区5国经济社会发展基本情况

（一）土库曼斯坦

土库曼斯坦位于中亚西南部的内陆国。西濒里海，北邻欧亚国哈萨克斯坦，东北部与内陆国乌兹别克斯坦接壤，东接阿富汗，南部是伊朗。国土面积为49.12万平方千米。

土库曼斯坦的矿产资源丰富，主要有石油、天然气、芒硝、碘、有色及稀有金属等。其经济结构单一，以种植业和畜牧业为主。主要农作物包括棉

花、小麦和稻米等。土库曼斯坦以细羊毛编织的地毯闻名于世；石油和天然气工业是其支柱产业。其主要出口产品有天然气、石油制品、皮棉，主要进口产品有粮食、肉类、轻工业品。在《“一带一路”国家经济社会发展评价报告（2020）》中，土库曼斯坦经济社会发展综合评价排第42位，其中，经济社会可持续发展排第26位，竞争力评价排第33位，开放度排第64位。

（二）吉尔吉斯斯坦

吉尔吉斯斯坦位于欧亚大陆的腹心地带，东南和东面与中国相接，北与哈萨克斯坦相连，西接乌兹别克斯坦，南同塔吉克斯坦接壤。吉尔吉斯斯坦不仅是连接欧亚大陆和中东的要冲，还是大国势力东进西出、南下北上的必经之地。国土面积为19.99万平方千米。

吉尔吉斯斯坦水力资源丰富，人均水资源居全球前列。煤、汞、锑矿储藏较丰富。境内生长着3786种植物，并拥有世界上最大的野生核桃林和野苹果林。

吉尔吉斯斯坦工业基础薄弱，主要生产原材料。出口产品主要为贵金属、化学物品和农产品等，主要进口石油产品、二手汽车、服装、化工产品、天然气等。在《“一带一路”国家经济社会发展评价报告（2020）》中，吉尔吉斯斯坦经济社会发展综合评价排第55位，其中，经济社会可持续发展排第51位，竞争力评价排第26位，开放度排第66位。

（三）乌兹别克斯坦

乌兹别克斯坦是位于中亚中部的内陆国家，西北濒临咸海，与哈萨克斯坦、吉尔吉斯斯坦、塔吉克斯坦、土库曼斯坦和阿富汗毗邻。国土面积为44.74万平方千米。

乌兹别克斯坦资源丰富，探明矿产品有近百种，黄金、石油、凝析油、天然气、煤、铜、钨等矿藏储量尤为丰富。

乌兹别克斯坦国民经济支柱产业是“四金”：黄金、“白金”（棉花）、“黑金”（石油）、“蓝金”（天然气）。但经济结构单一，加工工业较为落后。农业、畜牧业和采矿业发达。其出口产品有天然气、油类、电力、棉花、黄金、能源产品等，进口产品有油类、电力、机器及设备等。在《“一带一路”国家经济社会发展评价报告（2020）》中，乌兹别克斯坦经济社会发展综合评价排第63位，其中，经济社会可持续发展排第33位，竞争力评价排第56位，开放度排第69位。

（四）哈萨克斯坦

哈萨克斯坦是世界最大的内陆国，领土横跨亚欧两洲。东南连接中国新疆，北邻俄罗斯，南与乌兹别克斯坦、土库曼斯坦和吉尔吉斯斯坦接壤；通过里海可以到达阿塞拜疆和伊朗，通过伏尔加河、顿河运河可以到达亚速海和黑海。其国境线总长度超过1.05万千米，国土面积为272.49万平方千米。

哈萨克斯坦的自然资源非常丰富，探明的矿藏有90多种。钨储量排世界第1位，铬和磷矿石排第2位，铜、铅、锌、钼和磷的储量居亚洲第1位。

哈萨克斯坦的工业基础极为薄弱，以石油、天然气、采矿、煤炭和农牧业为主，加工工业和轻工业相对落后。其大部分日用消费品依靠进口，主要出口商品有矿产品、金属及其制品等。在《“一带一路”国家经济社会发展评价报告（2020）》中，哈萨克斯坦经济社会发展综合评价排第64位，其中，经济社会可持续发展排第27位，竞争力评价排第64位，开放度排第70位。

（五）塔吉克斯坦

塔吉克斯坦位于中亚东南部的内陆国家，西部和北部分别同乌兹别克斯坦、吉尔吉斯斯坦接壤，东邻中国新疆，南接阿富汗。国土面积为14.31万平方千米。

塔吉克斯坦以有色金属、稀有金属、煤、岩盐为主，有丰富的铀矿和多种建筑材料。铀储量居独联体首位，铅、锌矿的储量居中亚第1位；水力资源丰富，占整个中亚的50%左右，但开发量不足10%。

塔吉克斯坦经济基础薄弱，结构单一。主要部门有采矿业、轻工、食品、有色冶金、化工等。其种植业占农业总产值的70%，植棉业在农业中占有举足轻重的地位，尤以出产优质细纤维棉花闻名于世。塔吉克斯坦出口商品主要是非贵重金属及其制品，进口以交通工具机械设备、矿产品及化工产品为主。在《“一带一路”国家经济社会发展评价报告（2020）》中，塔吉克斯坦经济社会发展综合评价排第68位，其中，经济社会可持续发展排第60位，竞争力评价排第55位，开放度排第68位。

二、中亚地区5国经济社会发展综合评价及三大子系统指数评价比较

中亚地区5国经济社会发展综合评价及三大子系统指数评价比较见表9-5。

表9-5　中亚地区5国经济社会发展综合评价及三大子系统指数评价的地区排名与总排名

国家	经济社会发展综合评价		三大子系统指数					
			经济社会可持续发展		竞争力		开放度	
	地区排名	总排名	地区排名	总排名	地区排名	总排名	地区排名	总排名
土库曼斯坦	1	42	1	26	2	33	1	64
吉尔吉斯斯坦	2	55	4	51	1	26	2	66
乌兹别克斯坦	3	63	3	33	4	56	4	69
哈萨克斯坦	4	64	2	27	5	64	5	70
塔吉克斯坦	5	68	5	60	3	55	3	68

第六节　中东欧地区21国经济社会发展状况比较

一、中东欧地区21国经济社会发展基本情况

（一）爱沙尼亚

爱沙尼亚位于波罗的海东岸，芬兰湾南岸，西南濒临里加湾，南面和东面分别同拉脱维亚和俄罗斯接壤。其与南方的拉脱维亚和立陶宛并称“波罗

的海三国”。国土总面积为45339平方千米，爱沙尼亚也是全世界空气质量最优、最舒适的国家。

爱沙尼亚的自然资源匮乏，主要矿产有油页岩、磷矿、石灰岩等。森林覆盖率达48%，自然生态系统保持得非常好。

爱沙尼亚的主要工业部门有机械制造、木材加工、建材、电子、纺织和食品加工业。其农业以畜牧业为主。爱沙尼亚主要进口商品类别依次为机械设备、电子产品及其零部件等，主要出口商品类别依次为机械设备、电子产品及其零部件、矿产品等。在《“一带一路”国家经济社会发展评价报告（2020）》中，爱沙尼亚经济社会发展综合评价排第6位，其中，经济社会可持续发展排第3位，竞争力评价排第11位，开放度排第33位。

（二）斯洛文尼亚

斯洛文尼亚是一个毗邻阿尔卑斯山的小国，西邻意大利，西南通往亚得里亚海，东面和南面被克罗地亚包围，东北面有匈牙利，北接奥地利。国土面积为20273平方千米。

斯洛文尼亚矿产资源贫乏，主要有汞、煤、铅、锌等。其森林和水力资源丰富，森林覆盖率为49.7%。

斯洛文尼亚有着非常好的工业、科技基础，电力工业先进，农产品以马铃薯、谷物、水果为主，林、畜牧业亦很重要。出口在国民经济中占有重要地位，出口产值占国民生产总值的50%以上。其主要贸易对象是欧盟国家。在《“一带一路”国家经济社会发展评价报告（2020）》中，斯洛文尼亚经济社会发展综合评价排第9位，其中，经济社会可持续发展排第2位，竞争力评价排第19位，开放度排第37位。

（三）立陶宛

立陶宛位于欧洲中东部，北与拉脱维亚接壤，东面、南面与白俄罗斯毗邻，西南与俄罗斯加里宁格勒州和波兰相邻，西濒波罗的海。国土面积为6.53万平方千米。

立陶宛的石油、天然气等矿产资源比较贫乏，主要依赖进口；森林和水资源较为丰富，森林覆盖率为30%以上。

工业是立陶宛的支柱产业，主要由矿业及采石业、加工制造业以及能源工业三大部门组成。农业以水平较高的畜牧业为主，占农产品产值的90%以上。在生物技术领域立陶宛是中东欧国家中的佼佼者，依靠遗传工程药品及遗传工程相关的生物化学和化学媒介进入西方市场。其主要出口商品为矿产品和纺织品，主要进口商品为矿产品和机电产品。在《“一带一路”国家经济社会发展评价报告（2020）》中，立陶宛经济社会发展综合评价排第14位，其中，经济社会可持续发展排第14位，竞争力评价排第29位，开放度排第35位。

（四）拉脱维亚

拉脱维亚位于东欧平原西部，西临波罗的海东岸，沿里加湾深入内陆；同爱沙尼亚、俄罗斯、白俄罗斯和立陶宛接壤。国土面积为64589平方千米，其中，陆地面积为62046平方千米，内水面积为2543平方千米。

拉脱维亚森林覆盖面积约占全国面积的44%，全国共有1.4万个野生物种。

拉脱维亚的农业包括种植业、畜牧业、渔业等行业，养蜂业发达。其主要工业门类有电子产品、机器制造、食品、轻工、纺织、建材、化工、木材加工等，支柱产业有采矿、加工制造及水电气供应等。在《“一带一路”国家经济社会发展评价报告（2020）》中，拉脱维亚经济社会发展综合评价排第15位，其中，经济社会可持续发展排第18位，竞争力评价排第27位，开放度排第36位。

（五）捷克

捷克东面毗邻斯洛伐克，南面接壤奥地利，北面邻接波兰，西面与德国相邻，国土面积为7.8866万平方千米。

捷克的褐煤和硬煤资源较丰富，分别居世界第3位和欧洲第5位。石油、天然气和铁矿砂储量很小，基本依赖进口。其森林资源丰富，覆盖面积达265.5万公顷。

捷克的工业部门以机械制造、军工、轻纺为主，化学、玻璃工业也较发达，纺织、制鞋、啤酒酿造均闻名于世，工业基础雄厚，重点发展钢铁、重型机械工业。外贸在经济中占有重要位置，GDP 80%依靠出口实现。在《“一带一路”国家经济社会发展评价报告（2020）》中，捷克经济社会发展综合评价排第 16 位，其中，经济社会可持续发展排第 5 位，竞争力评价排第 42 位，开放度排第 29 位。

（六）斯洛伐克

斯洛伐克位于欧洲中部内陆，北临波兰，东接乌克兰，南接匈牙利，西南与奥地利接壤，西连捷克。国土面积为 4. 9037 万平方千米。

斯洛伐克的森林面积占全国面积的 1/3，森林覆盖率约 40%。其河网稠密，水资源丰富。

斯洛伐克以汽车、电子产业为支柱，是以出口为导向的外向型市场经济。斯洛伐克主要工业部门有钢铁、食品、烟草加工、石化、机械、汽车等，主要农作物有大麦、小麦、玉米、油料作物、马铃薯、甜菜等，畜牧业比较发达。在《“一带一路”国家经济社会发展评价报告（2020）》中，斯洛伐克经济社会发展综合评价排第 20 位，其中，经济社会可持续发展排第 11 位，竞争力评价排第 37 位，开放度排第 46 位。

（七）匈牙利

匈牙利是位于欧洲中部的内陆国家，东邻罗马尼亚，南接塞尔维亚，西与奥地利接壤，北与捷克、斯洛伐克、乌克兰为邻。其边境线长 2246 千米，国地面积为 9. 303 万平方千米。

匈牙利的自然资源比较贫乏，主要矿产资源是铝矾土，其蕴藏量居欧洲第 3 位。匈牙利山区森林茂密，森林覆盖率约为 18%。

匈牙利的工业基础较好，工业以机械制造、精密仪器、食品加工和纺织为主，葡萄酒酿造也非常出名。匈牙利的农业基础较好，在国民经济中占重要地位，不仅为国内市场提供丰富的食品，而且为国家挣取大量外汇。在《“一带一路”国家经济社会发展评价报告（2020）》中，匈牙利经济社会发展综合评价排第22位，其中，经济社会可持续发展排第7位，竞争力评价排第61位，开放度排第21位。

（八）俄罗斯

俄罗斯地跨欧亚两大洲，国土面积为1707.54万平方千米，是世界上面积最大的国家。

俄罗斯拥有世界最大储量的矿产和能源资源，天然气储量居世界首位，是最大的石油和天然气输出国，拥有世界最大的森林储备和约占世界25%的淡水湖泊。俄罗斯森林覆盖面积占国土面积的50.7%，居世界第1位；林材蓄积量807亿立方米；水力资源丰富，居世界第2位。

俄罗斯的工业基础雄厚、部门全，核工业和航空航天业占世界重要地位。以机械、钢铁、冶金、石油、天然气、煤炭、森林工业及化工等为主，但重工业发达，轻工业发展缓慢，民用工业落后状况尚未根本改变，农牧业并重。俄罗斯主要出口商品为石油和天然气等矿产品，主要进口商品为机械设备和交通工具等。在《“一带一路”国家经济社会发展评价报告（2020）》中，俄罗斯经济社会发展综合评价排第23位，其中，经济社会可持续发展排第25位，竞争力评价排第20位，开放度排第52位。

（九）波兰

波兰位于中欧东北部，东面和东北面分别与立陶宛、白俄罗斯、乌克兰和俄罗斯的加里宁格勒地区接壤，南面与捷克和斯洛伐克毗邻，西面与德国相连，北临波罗的海并与瑞典和丹麦遥遥相对。波兰边界线总长3538千米，其中，海岸线长528千米，国土总面积为31.2685万平方千米。

波兰的主要矿产有煤、硫黄、铜、锌、铅等，硬煤储量居世界前列，褐煤储量居欧洲前列，硫黄储量居欧洲首位，铅和锌的储量居世界第1位；森林水力资源丰富。

工业在波兰的国民经济中居于首位，采矿业以煤及褐煤最为重要，畜牧业发达，旅游资源丰富。波兰主要进口石油、汽车及组装件、钢铁、合成材料等，主要出口汽车及配件、内燃机、橡胶制品等。在《“一带一路”国家经济社会发展评价报告（2020）》中，波兰经济社会发展综合评价排第25位，其中，经济社会可持续发展排第13位，竞争力评价排第34位，开放度排第31位。

（十）克罗地亚

克罗地亚位于中欧的东南边缘，巴尔干半岛的西北，亚得里亚海东岸，隔亚得里亚海与意大利相望，北面的邻国是斯洛文尼亚和匈牙利，东面和南面则分别是塞尔维亚与波黑。国土总面积为56594平方千米。

克罗地亚的森林和水力资源丰富，全国森林面积为222万公顷，森林覆盖率达39.2%。此外，还有石油、天然气、铝等资源。

克罗地亚的主要工业部门有食品加工、纺织、造船、建筑、电力、石化、冶金、机械制造和木材加工等。全国农业可耕地面积为269.5万公顷，播种面积约为100万公顷。克罗地亚旅游业发达，是国家经济的重要组成部分和外汇收入的主要来源。在《“一带一路”国家经济社会发展评价报告（2020）》中，克罗地亚经济社会发展综合评价排第27位，其中，经济社会可持续发展排第7位，竞争力评价排第58位，开放度排第24位。

（十一）白俄罗斯

白俄罗斯是位于东欧西部的内陆国家，与其接壤的国家有俄罗斯、拉脱维亚、波兰、立陶宛以及乌克兰，国土总面积为20.76万平方千米。

白俄罗斯的主要矿产资源有钾盐、岩盐、泥炭、磷灰石等，其中，钾盐的储量居欧洲前列。白俄罗斯水资源丰富，大小河流2万多条，湖泊1万多个，有“万湖之国”的美誉。其森林覆盖率为39%。

白俄罗斯的工业基础较好。机械制造、金属加工、化工、电子及光学仪器比较发达和先进；农业和畜牧业较发达，马铃薯、甜菜和亚麻等产量在独联体国家中居于前列。白俄罗斯出口商品为化工产品、金属及制品等，进口产品主要有能源、原材料、技术设备、机械设备、交通运输工具等。在《“一带一路”国家经济社会发展评价报告（2020）》中，白俄罗斯经济社会发展综合评价排第28位，其中，经济社会可持续发展排第17位，竞争力评价排第22位，开放度排第62位。

（十二）阿尔巴尼亚

阿尔巴尼亚是一个位于欧洲东南部，巴尔干半岛西南部的国家。西隔亚得里亚海和奥特朗托海峡与意大利相望，南面则与希腊接壤，东临马其顿，东北部是塞尔维亚，北接黑山共和国，海岸线长 472 千米，总面积为 28748 平方千米。

阿尔巴尼亚的主要矿藏有石油、铬、铜、镍、铁、煤等。其水利资源较丰富。

阿尔巴尼亚的工业以食品、轻纺、机械、冶金、动力、建筑材料、化学为主。农业占国民生产总值的一半，农作物有小麦、玉米、马铃薯、甜菜等。山区牛羊畜牧业较发达。阿尔巴尼亚出口商品主要为纺织、制鞋等来料加工产品及农副产品，进口商品主要为机械设备、矿产品和纺织品等。在《“一带一路”国家经济社会发展评价报告（2020）》中，阿尔巴尼亚经济社会发展综合评价排第 33 位，其中，经济社会可持续发展排第 37 位，竞争力评价排第 38 位，开放度排第 27 位。

（十三）保加利亚

保加利亚位于欧洲巴尔干半岛东南部，与罗马尼亚、塞尔维亚、马其顿、希腊和土耳其接壤，东部滨临黑海。其海岸线长 378 千米，多瑙河是保加利亚与罗马尼亚的界河。国土面积为 111001.9 平方千米。

保加利亚自然资源贫乏，主要矿藏有煤、铅、锌、铜、铁、铀、锰、铬、矿盐和少量石油。森林面积为 388 万公顷，约占全国总面积的 35%。

全国可耕地面积约占 40%。在农产品加工方面，尤以酸奶、葡萄酒酿造技术著名。雪茄烟的输出量以及玫瑰油的产量和输出量均居世界首位。保加利亚工业以机械制造、化工、冶金为主。外贸在经济中占有重要地位，主要进口能源、化工、电子等产品，主要出口轻工、化工产品等。在《“一带一路”国家经济社会发展评价报告（2020）》中，保加利亚经济社会发展综合评价排第 37 位，其中，经济社会可持续发展排第 22 位，竞争力评价排第 60 位，开放度排第 43 位。

（十四）摩尔多瓦

摩尔多瓦位于欧洲巴尔干半岛东北部多瑙河下游，东欧平原南部边缘地区，绝大部分国土介于普鲁特河和德涅斯特河之间。东、北部与乌克兰接壤，西隔普鲁特河与罗马尼亚毗邻，东南部遥望黑海。全国面积为3.38万平方千米。

摩尔多瓦的自然资源相对贫乏，但全国境内蕴藏着丰富的非金属富矿，主要有大理石、石膏、玻璃沙土、石灰岩等。其中，硅藻土是摩尔多瓦共和国的一种宝贵矿物资源。

摩尔多瓦的农业发达，工业基础薄弱。农业和农产品加工占GDP的60%，全国有46%以上的劳动力从事农业生产。摩尔多瓦主要农作物有玉米、冬小麦、大麦、裸麦；主要经济作物有烟草、甜菜、大豆、向日葵、亚麻和大麻。在《“一带一路”国家经济社会发展评价报告（2020）》中，摩尔多瓦经济社会发展综合评价排第43位，其中，经济社会可持续发展排第48位，竞争力评价排第43位，开放度排第32位。

（十五）马其顿

马其顿位于南欧地区，地处巴尔干半岛中部，是个多山的内陆国家。东邻保加利亚，南接希腊，西接阿尔巴尼亚，北傍塞尔维亚。国土面积为25713平方千米。

马其顿的矿产资源比较丰富，主要有铁、铅、锌、铜等。其森林覆盖率为35%。

马其顿的主要工业部门有冶金、化工、木材加工、食品加工等。其农牧业占国民生产总值的10%，外贸占国内生产总值的60.9%。马其顿主要出口产品有食品、水果蔬菜、烟酒、化工产品、纺织品箱等，主要进口产品有肉类、原油、汽车等。在《“一带一路”国家经济社会发展评价报告（2020）》中，马其顿经济社会发展综合评价排第44位，其中，经济社会可持续发展排第30位，竞争力评价排第53位，开放度排第48位。

（十六）乌克兰

乌克兰东接俄罗斯，南濒黑海，北与白俄罗斯毗邻，西与波兰、斯洛伐克、匈牙利、罗马尼亚和摩尔多瓦诸国相连。国土面积为 60. 37 万平方千米。

乌克兰的森林资源较为丰富，森林覆盖率为 43%。其有 80 多种可供开采的富矿，主要包括煤、铁、锰、镍等。

工业、农业和交通运输业等主导产业成为经济增长的主要引擎，重工业在工业中占据主要地位。乌克兰国土面积的 2/3 为黑土地，占世界黑土地总量的 1/4，其农业产值占 GDP 的 20%，是世界上第三大粮食出口国，有“欧洲粮仓”的美誉。在《“一带一路”国家经济社会发展评价报告（2020）》中，乌克兰经济社会发展综合评价排第 46 位，其中，经济社会可持续发展排第 44 位，竞争力评价排第 45 位，开放度排第 45 位。

（十七）罗马尼亚

罗马尼亚位于东南欧巴尔干半岛东北部，北面、东北面分别与乌克兰和摩尔多瓦共和国交界，西北面与西南面分别同匈牙利和塞尔维亚接壤，南面同保加利亚以多瑙河为界，东临黑海。其海岸线长 245 千米，国土面积为 238391 平方千米。

罗马尼亚的主要矿藏有石油、天然气、煤和铝土矿。其森林面积为 633 万公顷，约占全国面积的 28%。

罗马尼亚的经济以工业为主，主要工业部门有冶金、石油化工和机器制造等，计算机尤为发达。其对外贸易以海运为主，输出主要是石油化工产品、石油装备和农产品，输入以机器设备和铁矿石等工业原料为主。在《“一带一路”国家经济社会发展评价报告（2020）》中，罗马尼亚经济社会发展综合评价排第 47 位，其中，经济社会可持续发展排第 19 位，竞争力评价排第 66 位，开放度排第 47 位。

（十八）波黑

波黑位于原南斯拉夫中部，东邻塞尔维亚，东南面与黑山共和国接壤，西面及北面紧邻克罗地亚。国土面积为 51129 平方千米。

波黑的矿产资源丰富，主要有煤、铁、铜、锰、铅、汞、银、褐煤、铝矾土、铅锌矿、石棉、岩盐、重晶石等，图兹拉地区食用盐储量为欧洲之最。

其拥有丰富的水力资源，森林覆盖率达46.6%。

波黑的主要农产品有小麦、玉米、土豆等。主要出口铝锭、矿产品、木材、机械产品等，主要进口商品有机械、食品、石油、化工、交通工具等。在《“一带一路”国家经济社会发展评价报告（2020）》中，波黑经济社会发展综合评价排第49位，其中，经济社会可持续发展排第32位，竞争力评价排第62位，开放度排第50位。

（十九）希腊

希腊位于欧洲东南部的巴尔干半岛南端，北面与保加利亚、马其顿、阿尔巴尼亚接壤，东北面与土耳其的欧洲部分接壤，西南面濒爱奥尼亚海，东临爱琴海，南隔地中海与非洲大陆相望。全国总面积为131957平方千米，其中，15%为岛屿，有1500多个岛屿。

希腊的主要矿产资源有铝矾土、褐煤、重晶石、镍、铬、镁。其经济基础较薄弱，制造业较落后，工业以食品加工和轻工业为主。海运业发达，其与旅游、侨汇并列为希腊外汇收入三大支柱。农业较发达。在《“一带一路”国家经济社会发展评价报告（2020）》中，希腊经济社会发展综合评价排第51位，其中，经济社会可持续发展排第29位，竞争力评价排第31位，开放度排第67位。

（二十）塞尔维亚

塞尔维亚是位于欧洲东南部，巴尔干半岛中部的内陆国。与黑山、波黑、克罗地亚、匈牙利、罗马尼亚、保加利亚、马其顿及阿尔巴尼亚接壤。国土总面积为8.8361万平方千米。

塞尔维亚的主要矿产资源有煤、天然气、铁、锌、铜、锂、钼矿等，森林覆盖率为25.5%，水力资源丰富。

农业经济占有重要地位；化学工业是工业中领先的行业之一，在经济和对外贸易中起着非常重要的作用。塞尔维亚主要出口产品为钢铁、有色金属、水果、蔬菜、服装等，主要进口产品为石油及其制成品、汽车、普通机床、天然气和钢铁等。在《“一带一路”国家经济社会发展评价报告（2020）》

中，塞尔维亚经济社会发展综合评价排第 54 位，其中，经济社会可持续发展排第 43 位，竞争力评价排第 59 位，开放度排第 57 位。

（二十一）黑山

黑山是位于欧洲南部巴尔干半岛的中北部，亚得里亚海东岸上的一个多山国家。海岸线总长度为 293 千米（海滩长度为 73 千米），国土总面积为 1.38 万平方千米。

黑山的铝、煤等资源储藏丰富。森林和水利资源丰富，森林覆盖面积为 54 万公顷，约占黑山总面积的 39.43%。

黑山的工业以采矿、建筑、冶金、食品加工、电力、木材加工为主，制造业基础薄弱，大量的工业产品、农产品、能源及日用消费品依赖进口。主要农产品有小麦、玉米、烟草、土豆等。旅游业是重要外汇收入。在《“一带一路”国家经济社会发展评价报告（2020）》中，黑山经济社会发展综合评价排第 58 位，其中，经济社会可持续发展排第 23 位，竞争力评价排第 63 位，开放度排第 65 位。

二、中东欧地区 21 国经济社会发展综合评价及三大子系统指数评价比较

中东欧地区 21 国经济社会发展综合评价及三大子系统指数评价比较见表 9-6。

表 9-6 中东欧地区 21 国经济社会发展综合评价及三大子系统指数评价的地区排名与总排名

国家	经济社会发展综合评价		三大子系统指数					
			经济社会可持续发展		竞争力		开放度	
	地区排名	总排名	地区排名	总排名	地区排名	总排名	地区排名	总排名
爱沙尼亚	1	6	2	3	1	11	7	33
斯洛文尼亚	2	9	1	2	2	19	10	37
立陶宛	3	14	8	14	6	29	8	35

续表

国家	经济社会发展综合评价		三大子系统指数					
			经济社会可持续发展		竞争力		开放度	
	地区排名	总排名	地区排名	总排名	地区排名	总排名	地区排名	总排名
拉脱维亚	4	15	10	18	5	27	9	36
捷克	5	16	3	5	10	42	4	29
斯洛伐克	6	20	5	11	8	37	13	46
匈牙利	7	22	4	7	18	61	1	21
俄罗斯	8	23	14	25	3	20	17	52
波兰	9	25	6	13	49	34	5	31
克罗地亚	10	27	8	7	15	58	2	24
白俄罗斯	11	28	9	17	4	22	19	62
阿尔巴尼亚	12	33	18	37	9	38	3	27
保加利亚	13	37	12	22	17	60	11	43
摩尔多瓦	14	43	21	48	11	43	6	32
马其顿	15	44	16	30	14	53	15	48
乌克兰	16	46	20	44	12	45	12	45
罗马尼亚	17	47	11	19	21	66	14	47
波黑	18	49	17	32	19	62	16	50
希腊	19	51	15	29	7	31	21	67
塞尔维亚	20	54	19	43	16	59	18	57
黑山	21	58	13	23	20	63	20	65

第七节　非洲地区4国经济社会发展状况比较

一、非洲地区4国经济社会发展基本情况

（一）摩洛哥

摩洛哥是非洲西北部的一个阿拉伯国家，东面以及东南面与阿尔及利亚接壤，南面紧邻西撒哈拉，西面濒临大西洋，北面与西班牙、葡萄牙隔直布

罗陀海峡相望，扼地中海入大西洋的门户。海岸线长1700多千米，国土面积为45.9万平方千米（不包括西撒哈拉26.6万平方千米）。摩洛哥全国约有1/5的地区被森林覆盖，主要树木资源有西洋杉、枞树、杜松、野橄榄和矮棕榈等。磷酸盐为主要资源，储量达1100亿吨，占世界储量的75%，居世界首位。其他矿产资源有铁、铅、锌、钴、锰、钡、铜、盐、磁铁矿、无烟煤、油页岩等。

摩洛哥经济实力居非洲第5位，丹吉尔港将成为非洲最大的港口。矿业是支柱产业，矿产品出口占全部出口的30%。工业企业主要部门有农业食品加工、化工医药、纺织皮革、采矿和机电冶金，手工业在国民经济中占重要位置，从业人员约占就业人数的20%，主要产品有毛毯、皮革制品、金属加工品、陶瓷和木制家具。在《“一带一路”国家经济社会发展评价报告（2020）》中，摩洛哥经济社会发展综合评价排第36位，其中，经济社会可持续发展排第52位，竞争力评价排第46位，开放度排第7位。

（二）埃及

埃及疆域横跨亚、非两洲，大部分位于非洲东北部，只有苏伊士运河以东的西奈半岛位于亚洲西南部。国土面积为100.145万平方千米。埃及有着独特的地缘位置：在陆路上，它连接亚、非两洲；在海路上，透过苏伊士运河及红海亦连接了地中海及印度洋。埃及既是亚、非间的陆地交通要冲，也是大西洋与印度洋之间海上航线的捷径，战略位置十分重要。

埃及主要资源是石油、天然气、磷酸盐、铁等，是非洲第三大经济体，在经济、科技领域长期处于非洲领先地位。各项重要产业如旅游业、农业、工业和服务业有着几乎同等的发展比重。在《“一带一路”国家经济社会发展评价报告（2020）》中，埃及经济社会发展综合评价排第40位，其中，经济社会可持续发展排第55位，竞争力评价排第50位，开放度排第8位。

（三）南非

南非地处南半球，位于非洲大陆的最南端，其东、南、西三面被印度洋和大西洋环抱，东面隔印度洋和澳大利亚相望，西面隔大西洋和巴西、阿根廷相望。其西南端的好望角航线，历来是世界上最繁忙的海上通道之一，有“西方海上生命线”之称。陆上与纳米比亚、博茨瓦纳、莱索托、津巴布韦、莫桑比克和斯威士兰接壤。陆地面积为121.909万平方千米，有“彩虹之国”之美誉。

南非以丰富的矿物资源名扬世界，黄金、铂族金属、锰、钒、铬、硅、铝酸盐的储量居世界第1位，其中，黄金储量占全球的60%；蛭石、锆、钛、氟石居世界第2位，磷酸盐、锑居第4位，铀、铅居第5位，煤、锌居第8位，铁矿石居第9位，铜居第14位；钻石、石棉、铜、钒、铀以及煤、铁、钛、云母、铅等的蕴藏量也极为丰富；黄金、钻石、钒、锰、铬、锑、铀、石棉等的产量均居世界前列。

南非是非洲第二大经济体，人均生活水平在非洲名列前茅，工业体系是非洲最完善的，矿业、制造业、农业和服务业是经济四大支柱，矿产是南非经济主要来源，深井采矿技术位居世界前列。其金融、法律体系完善，通信、交通、能源等基础设施完备，但国民经济各部门、地区发展不平衡，城乡、黑白二元经济特征明显。在《“一带一路”国家经济社会发展评价报告（2020）》中，南非经济社会发展综合评价排第50位，其中，经济社会可持续发展排第61位，竞争力评价排第48位，开放度排第10位。

（四）埃塞俄比亚

埃塞俄比亚处于非洲之角的中心，是内陆国。东面与吉布提、索马里毗邻，西北面和苏丹交界，北接厄立特里亚，南面和肯尼亚接壤。境内以山地高原为主，中西部是高原的主体，占全境的2/3，东非大裂谷纵贯全境，平均海拔近3000米，素有“非洲屋脊”之称。国土面积为1104300平方千米，排世界第26位。

埃塞俄比亚已探明的矿藏有黄金、铂、镍、铜、铁、煤、钽、硅、钾盐、磷酸盐、大理石、石灰石、石油和天然气等；水资源丰富，号称“东非水塔”。

埃塞俄比亚以农牧业为主，工业门类不齐全，结构不合理，工业基础薄弱，是世界最不发达国家之一。2005年以后，埃塞俄比亚大力发展新兴产业、出口创汇型产业、旅游业和航空业，吸引外资参与能源和矿产资源开发，经济保持8%以上高速增长，成为实现千年发展目标的典范。在《“一带一路”国家经济社会发展评价报告（2020）》中，埃塞俄比亚经济社会发展综合评价排第65位，其中，经济社会可持续发展排第71位，竞争力评价排第25位，开放度排第5位。

二、非洲地区4国经济社会发展综合评价及三大子系统指数评价比较

非洲地区4国经济社会发展综合评价及三大子系统指数评价比较见表9-7。

表9-7 非洲地区4国经济社会发展综合评价及三大子系统指数评价的地区排名与总排名

国家	经济社会发展综合评价		三大子系统指数					
			经济社会可持续发展		竞争力		开放度	
	地区排名	总排名	地区排名	总排名	地区排名	总排名	地区排名	总排名
摩洛哥	1	36	1	52	2	46	2	7
埃及	2	40	2	55	4	50	3	8
南非	3	50	3	61	3	48	4	10
埃塞俄比亚	4	65	4	71	1	25	1	5

第八节 大洋洲地区新西兰经济社会发展状况概要

新西兰位于太平洋西南部，澳大利亚东南方约1600千米处，介于南极洲和赤道之间，领土由南岛、北岛两大岛屿组成，以库克海峡分隔，南岛邻近南极洲，北岛与斐济及汤加相望，西隔塔斯曼海与澳大利亚相望。

新西兰矿藏主要有煤、金、铁矿、天然气，其次是银、锰、钨、磷酸盐、

石油等，储量不大。其森林资源丰富，森林面积为810万公顷，占全国土地面积的30%，主要有原木、圆木、木浆、纸及木板等。

新西兰是一个高度发达的资本主义国家，世界银行将新西兰列为世界上最方便营商的国家之一。新西兰的农业高度机械化。其畜牧业生产占地1352万公顷，占国土面积的50%。鹿茸、羊肉、奶制品和粗羊毛的出口值皆居世界第1位。新西兰渔产丰富，拥有世界第四大专属经济区。在《“一带一路”国家经济社会发展评价报告（2020）》中，新西兰经济社会发展综合评价排第8位，其中，经济社会可持续发展排第6位，竞争力评价排第21位，开放度排第23位。

第九节　中美洲地区巴拿马经济社会发展状况概要

巴拿马位于中美洲的巴拿马地峡上，东连哥伦比亚，南濒太平洋，西接哥斯达黎加，北临加勒比海。国土呈“S”形连接北美洲和南美洲，巴拿马运河从北至南沟通大西洋和太平洋，国土长度是772千米，宽度则在60~177千米，有“世界桥梁”之称。海岸线长2988千米，陆界线长555千米，国土面积为75517平方千米。

巴拿马矿产资源较为丰富，但开采的不多，矿场规模也较小。主要矿产有金、银、铜、铁、汞、铝土、锰、盐、石油等，铜、盐、铝土的储量比较大。巴拿马森林资源丰富，面积为429万公顷，占陆地面积的57%，树种多，其中不乏桃花心木、西洋杉、柚木、红木、雪松等名贵树种。

巴拿马整体经济处于低度开发水平，工业基础薄弱，无重工业，经济的重点是服务业，以金融、贸易和旅游为主，制造业以农牧产品加工业及民生用品产业等轻工业为主，可自制部分低技术家电。农林渔业是多数民众生计。在《“一带一路”国家经济社会发展评价报告（2020）》中，巴拿马经济社会发展综合评价排第13位，其中，经济社会可持续发展排第16位，竞争力评价排第23位，开放度排第39位。

参考文献

[1] 胡健，等.“一带一路”国家经济社会发展评价研究［M］. 北京：中国统计出版社，2017.

[2] 世界银行数据库，https：//data. worldbank. org.

[3] 国际货币基金组织数据库，https：//data. imf. org.

[4] 联合国数据库，http：//data. un. org.

[5] 恐怖指数，https：//www. visionofhumanity. org/maps/#.

附　录

附表　“一带一路”71国及地区分布　　单位：个

国家	数量	地区
中国、韩国、蒙古国	3	东亚
印度尼西亚、泰国、马来西亚、越南、新加坡、菲律宾、缅甸、柬埔寨、老挝、文莱、东帝汶	11	东南亚
印度、巴基斯坦、孟加拉国、斯里兰卡、尼泊尔、马尔代夫、不丹	7	南亚
沙特阿拉伯、阿拉伯联合酋长国、阿曼、伊朗、土耳其、以色列、科威特、伊拉克、卡塔尔、约旦、黎巴嫩、巴林、也门、阿富汗、阿塞拜疆、塞浦路斯、格鲁吉亚、亚美尼亚	18	西亚
哈萨克斯坦、乌兹别克斯坦、土库曼斯坦、吉尔吉斯斯坦、塔吉克斯坦	5	中亚
波兰、俄罗斯、罗马尼亚、捷克、斯洛伐克、希腊、保加利亚、匈牙利、拉脱维亚、立陶宛、斯洛文尼亚、爱沙尼亚、克罗地亚、阿尔巴尼亚、塞尔维亚、马其顿、波黑、黑山、乌克兰、白俄罗斯、摩尔多瓦	21	中东欧
埃塞俄比亚、摩洛哥、南非、埃及	4	非洲
新西兰	1	大洋洲
巴拿马	1	中美洲